Ingrid Riedel

# Die gewandelte Frau

HERDER spektrum
Band 4892

Das Buch

Mit dem 40. Jahr beginnt der Weg in die zweite Hälfte des Lebens. Es markiert so etwas wie die Lebensmitte: Wir haben erst die Hälfte des Möglichen gelebt. Wir haben aber eben auch nur noch eine Hälfte vor uns. Gerade für Frauen ist diese Mitte ganz entscheidend: Der Wandel deutet sich an – es gilt vielleicht noch einmal, Entscheidungen zu treffen. Es stehen Aufbrüche und Umbrüche an, die gelebt werden wollen, wenn die persönliche Entwicklung im Leben weitergehen soll. Mit dem 50. Jahr dann geht es darum, den Wechsel wirklich zu akzeptieren. Dieser Prozeß ist mit schmerzhaften Erfahrungen verbunden. Aber er enthält auch die Perspektive, neue Fruchtbarkeit und Lebensmöglichkeiten zu entdecken. Mit 60 schließlich hat man das Loslassen soweit eingeübt, daß auch die neue Freiheit genossen und gelebt werden kann. Ingrid Riedel zeigt in ihrem Buch, daß diese Lebensphasen und -rhythmen in der Psyche selbst angelegt sind. Das zu wissen schafft in den neuen Situationen Vertrauen in die größeren Zusammenhänge des Lebens – auch in Zeiten der Krise und bei Verlusterfahrungen. Einfühlsam und genau beschreibt die Autorin die Erkenntnisse, die sie aus ihrer langjährigen therapeutischen, tiefenpsychologischen Arbeit mit Frauen gewonnen hat. Sie zeigt, daß Frauen in diesem Alter zum einen nicht allein sind – allen anderen ergeht es ähnlich – und daß sie zum anderen eingebettet sind in einen lebendigen Fluß einer Entwicklung, die jede Frau für sich neu fruchtbar machen kann.

Die Autorin

Professorin Dr. Dr. Ingrid Riedel, geboren 1935, Dozentin und Lehranalytikerin am C. G. Jung-Institut Zürich, Honorarprofessorin an der Universität Frankfurt am Main und Psychotherapeutin in eigener Praxis. Sie lebt in Konstanz. Autorin zahlreicher Bücher. Bei Herder Spektrum: Lebensträume – Lebensräume. Stufen inneren Wachstums; Engel der Wandlung. Die Engelbilder Paul Klees.

Ingrid Riedel

# Die gewandelte Frau

## Vom Geheimnis der zweiten Lebenshälfte

HERDER

FREIBURG · BASEL · WIEN

Gedruckt auf umweltfreundlichem,
chlorfrei gebleichtem Papier

Originalausgabe

8. Auflage


Herstellung: fgb · freiburger graphische betriebe 2002
www.fgb.de
Umschlaggestaltung und Konzeption:
R·M·E München / Roland Eschlbeck, Liana Tuchel
Umschlagbild: Ferdinand Hodler, Das Lied aus der Ferne
ISBN 3-451-04892-2

# Einstimmung
# Herbstliches Farbenspiel

*Vom Geheimnis der zweiten Lebenshälfte*

Von der „zweiten Lebenshälfte", ja, von deren „Geheimnis" handelt dieses Buch: von eher Unbekanntem also, Umstrittenem, von Frag-Würdigem. Doch soll es uns in diesem Buch einer Frage, ja vieler Fragen wert sein.

Eine „zweite Lebenshälfte": Gibt es sie überhaupt, gibt es sie im Sinne einer einheitlichen Lebensphase, die Gemeinsames enthielte, die sich einer „ersten", die auch ihr Verbindendes hätte, gegenüberstellen ließe? Und wo sollte dieser Übergang von der „ersten" in die „zweite" liegen: Wenn wir heute von einer Lebenserwartung von 80 Jahren oder etwas mehr ausgingen, dann läge die Schwelle etwa im vierzigsten bis fünfundvierzigsten Jahr.

Sollten nun diese höchst unterschiedlichen Jahre von etwa vierzig bis etwa siebzig tatsächlich etwas elementar Gemeinsames haben, was sie von denen zuvor unterschiede?

Wir Frauen beginnen in diesen Jahren zweifellos eher und stärker noch als die Männer Veränderungen unseres Organismus zu spüren, die uns anzeigen, daß wir, schlicht gesagt, nicht mehr jung sind, und daß unsere physische Verfassung uns Grenzen setzt: am deutlichsten diejenigen unseres weiblichen Zyklus und unserer Gebärfähigkeit, auch wenn beides nach vierzig noch in die fünfziger Jahre hinein erhalten bleibt. Doch werden die Grenzen unserer leiblichen Existenz und damit die unseres Lebens überhaupt sichtbar, werden spürbarer als in den Jahren zuvor, in denen wir natürlich auch um sie wußten. Doch blieben solche Grenzen – von unzeitigen Einbrüchen in unsere Gesundheit und vorzeitigen Verlusten lieber Menschen einmal abgesehen – doch noch wesentlich entfernter, ja abstrakter, als sie es von jetzt an sind, wo sie mit jedem Jahrzehnt, ja jedem Jahr, fühlbarer werden. Wir entdecken unerbittlicher als je zuvor die Endlichkeit unseres Lebens, die Zeitlichkeit, unter die wir gestellt sind, vor allem die zeitliche Begrenzung.

Diese Wahrnehmung schreckt uns auf, und anfangs droht sie unser Leben zu überschatten, vielleicht sogar zu entwerten. Daß es endlich ist, in seiner Vergänglichkeit immer fühlbarer, relativiert unser Leben, ja es könnte einem wie dem Prediger Salomon in der Bibel als „eitel" oder sogar als „nichtig" erscheinen. „Windhauch, Windhauch", pflegte Kohelet zu sagen ... (Kohelet 1, 2). Und dies gilt gerade im Blick auf unsere Weiblichkeit, zu der bis dahin doch auch Schönheit, sexuelle Attraktivität und Erlebnisfähigkeit sowie die Fähigkeit, zu empfangen und zu gebären, gehörten. So bricht in diesen Jahren für die meisten von uns unter schmerzhaften Abschiedsgefühlen die Frage auf: Wer bin ich dann noch als Frau, wenn ich in die Wechseljahre, in die Menopause komme, wenn Zyklus, Empfängnis und Gebärfähigkeit hinter mir liegen? Was hat sich denn „das Leben" eigentlich dabei „gedacht", so fragt manche ganz irritiert, daß es einem gleichsam „auf der Höhe des Lebens" – denn so können wir den Lebensmittag zwischen Vierzig und Fünfzig ja auch empfinden, und in beruflicher Hinsicht ist er es oft – solch wesentlicher Essentialien weiblichen Lebens beraubt?

In der Tat, so frage ich mich auch: Es kann doch nicht ganz von ungefähr, nicht nur ein zufälliges Spiel der Natur sein, daß der Frau von der Lebensmitte an biologische Funktionen genommen werden, weggenommen, oder sollten wir besser sagen: abgenommen werden. Mit dieser Vorstellung, daß uns vielleicht auch etwas abgenommen werden soll, kommen wir einem Verständnis dieses Vorgangs vielleicht schon näher. Es könnte in der Weisheit der Evolution liegen, die den Generationenwechsel und damit die Endlichkeit einer jeden Generation vorsieht, daß die Mütter von neugeborenen Kindern nicht älter als allenfalls in den Vierzigern sind, da noch ältere

Mütter durch die volle Verantwortung für Kleinkinder stark belastet würden; da aber auch die Kleinkinder mit älteren Müttern nicht mehr ganz zu ihren Bedürfnissen kämen. Wie oft erzählen die Kinder relativ alter Mütter noch als Erwachsene, wie hemmend es war, als Kleinkind, aber auch noch als Jugendliche, immer wieder zu Rücksicht auf eine alternde Mutter angehalten zu werden.

Aber „das Leben" oder die „Weisheit der Natur" scheint nicht nur an die Kinder gedacht zu haben, als es für die Frau die Menopause vorsah: Es ist an die Frau selbst gedacht, die nach ihren biologisch fruchtbaren Jahren doch noch zwanzig, dreißig, ja möglicherweise vierzig Jahre des Lebens vor sich hat. Auch in biblischen Zeiten, als die allgemeine Lebenserwartung noch geringer war – „das Leben des Menschen währet siebzig Jahre, und wenn's hochkommt, so sind's achtzig Jahre" (Psalm 90, 10) –, war doch auch damals der Mensch, die Frau so angelegt, daß sie die Achtzig erreichen konnte und damit noch eine lange Lebensspanne zu eigen hatte, in der es ihr allerdings nicht mehr „nach der Frauenweise", wie die Bibel es ausdrückt, erging, also die Zeit nach der Menopause.

Was ist mit der Lebensspanne nach den Wechseljahren, nach der großen Wandlung der Frau gemeint?

Ist ihr nur etwas abgenommen, oder ist sie auch für etwas freigestellt? Ist sie nur von etwas befreit oder auch zu etwas hin? Und wozu könnte sie befreit sein in diesen späteren Jahren?

Darüber hört man nichts in der medizinischen Literatur und auch relativ wenig in der psychologischen. Danach aber möchte ich in diesem Buch fragen.

Es geht um die Sinngebung, Sinnerfahrung in der Zeit des körperlichen Wandels, dem ein seelischer synchron ist, es geht um Sinnfindung für den darauf folgenden Status der „gewandelten Frau".

Nicht selten wird gerade in den Jahren nach der Menopause vom eigenen Gebären geträumt, von gesunden, erstaunlichen

Kindern. Sie haben strahlende Augen, lichtschimmerndes Haar, einen Stern auf der Brust, wie im Märchen. Schon beim Träumen, erst recht beim Aufwachen spüren die Frauen, die im Traum solche Kinder bekommen, daß es um etwas Neues, ganz Besonderes geht, nicht einfach – solche Träume gibt es zwar auch, aber mit anderer Atmosphäre – um die wehmütige Sehnsucht, doch noch einmal ein Kind zu haben. In diesen „göttlichen Kindern" symbolisiert sich vielmehr etwas schlechthin Neues, das geboren wird, um in das Leben der betreffenden Frau zu treten und von ihr umsorgt, „großgezogen" zu werden. Mit dem „göttlichen Kind" tritt eine neue Entwicklung, eine Kraft gleichsam von oben in ihr Leben ein, die von schöpferischer oder auch spiritueller Art ist. Es ist ein neuer Lebensauftrag auf geistig-seelischer Ebene, so dringlich und beanspruchend, aber auch so freudig erfüllend, wie es nur je ein physisches Kind sein konnte.

Mit der Wende zur zweiten Lebenhälfte nämlich werden wir nicht nur aufgeschreckt, sondern auch aufgeweckt. Die zweite Lebenshälfte ist, wie die zweite Spielhälfte für den Ausgang eines jeden Spiels, so auch für unser Lebensspiel die letztlich entscheidende. Die Zeit wird kostbarer, der Sinn für Lebensqualität, für den Wert eines jeden gelebten Augenblicks, für das Wesentliche wächst: Und damit wandeln sich allmählich alle bisherigen Werte.

Wer schließlich aus der gewaltigen Umwälzung alles Bisherigen hervortritt – oder doch hervortreten könnte – ist eine gewandelte Frau. Ihr ist dieses Buch gewidmet, sie soll hier vorgestellt werden in ihrer Schönheit, Würde und Gestaltungskraft, mit ihrer Fähigkeit, loszulassen und neu zu gewinnen, mit ihrer neuen gelassenen Einstellung zum Leben, um die jüngere sie manchmal beneiden.

Bei meiner letzten Gesprächsrunde zu unserem Thema – ich habe viele darüber geführt –, bei der es um das Charakteristische, aber auch um die Unterscheidungsmerkmale der Phasen ging, zwischen der Frau an der Schwelle (um die Vierzig), der Frau im Wandel (um die Fünfzig) und die gewandelte Frau (um die Sechzig und älter), gab ich die Anregung, sich doch einmal entsprechende Farben für diese Phasen um Vierzig, Fünfzig oder auch Sechzig vorzustellen, diese Farben zu imaginieren im Sinne eines Stimmungsbildes und Ausdrucks des Lebensgefühls in der betreffenden Phase. Die Teilnehmerinnen an dieser Runde waren zunächst überrascht von diesem Vorschlag, sich Farben zu den Lebensphasen vorzustellen, doch machten sie einen Versuch und wurden wachsend fasziniert von diesem Phantasiespiel, das durchaus seinen Ernst hat.

Zu der Vierziger-Phase imaginierte eine Frau dieser Altersstufe ein kräftiges, leuchtendes Orange-Rot, in das sich plötzlich Grau hineinschob, das alles zur Tristesse hin zu verwandeln drohte. Die vitale Frau kämpfte gegen dieses Grau an, suchte das Orange, das für ihre zupackende Lebenslust steht, immer wieder hervorzulocken, bis es in ihrer Vorstellung wieder kräftiger leuchtete und das Grau überstrahlte. Das Grau aber war nicht gänzlich zu verdrängen, es drückte die nun einmal vorhandene Angst vor dem Altern und der kommenden möglichen Grauheit des Lebens aus. Es begann sich aber zu wandeln und wurde in der dominanten Nachbarschaft des Orange zu dessen Komplementärfarbe, einem tiefen Blau, das die betreffende Frau an das besondere transparente, ja transzendente Blau des Herbsthimmels erinnerte, das auch „eine Tiefe hat, die einen wie in sich hineinziehen kann". So drückte sie aus, was sie bei diesem Blau empfand. Diese bisher eher extravertiert eingestellte, kontaktfreudige und lebensfrohe Frau entdeckt hier nach einem Durchgang durch das unvermeidliche Grau, einer Anwandlung von Traurigkeit und Resignation, wie das dennoch durchgehaltene und innerlich wiedererweckte Orange schließlich das Grau zu verwandeln vermag: Nach dem Gesetz der Optik treibt ein lange durchgehaltenes, lange betrachtetes Orange auch auf der Netzhaut seine Komplementärfarbe, ein tiefes Blau hervor, das, wie der Herbsthimmel und seine Spiegelung in Seen und Meeren, eine Stimmung von Ruhe und Meditation, ja von Sehnsucht, über sich hinauszugehen, sich zu transzendieren, auslöst. Die lebensfrohe, allen irdischen Genüssen zugetane Frau entdeckt auf der Schwelle zu ihren vierziger Jahren eine neue komplementäre Dimension zu ihrer bisherigen Lebenseinstellung: die Sehnsucht nach Spirituellem. Zugleich wählt sie unwillkürlich die Farbe des frühen Herbstes, der eine jahreszeitliche Analogie zu ihrem Lebensalter darstellt.

Als Farben zu den Fünfzigern wählt eine Frau, die in der Mitte dieser Jahre steht, ein fliederfarbenes Lila, das sich durch mehrere Nuancen hindurch zu einer magischen Zauberfarbe und endlich zu einer relativ dunklen Violettönung, die sie eher an Leiden und Passion erinnert, wandelt. Stark spürt sie anhand dieser Farbe die schöpferische Transformation der Wandlungsprozesse, die sich in diesen Jahren in ihr abspielen: Da war eben noch der zauberhafte Fliederton, die Frauenfarbe, die ihr für sommerlich duftende, reife Erotik steht, auch dafür, daß sich weibliche und männliche Komponenten, Rot und Blau, in ihr zu einer neuen Legierung verbinden wollen. So wurde Violett auch deshalb zur Farbe der Frauenbewegung, weil die ihrer selbst bewußt werdenden Frauen nicht länger auf die traditionelle „rosarote" Frauenrolle festgelegt werden, sondern auch ihre geistig aktiven blauen Anteile gelebt und anerkannt wissen wollten.

Indem sie die Fliederfarbe festzuhalten sucht – eine unwillkürliche Tendenz, das bisher blühende Lebensgefühl festzuhalten –, verdunkelt sich diese zu einer magischen Tönung – schon die Zaubererpuppe in jedem Kasperltheater trägt den violetten Hut. Sie läßt damit ahnen, daß auch Mantik und Magie, die alten Künste der Schicksalserahnung und Schicksalsmeisterung, sie anzuziehen beginnen, zusammen mit dem Lauschen auf die Tiefen der Psyche, auf die Botschaften der Intuition und der Träume: All dies kann als typisch für die Einstellung vieler Frauen, die in die Wechseljahre kommen, gelten.

Doch läßt sich das Geschick auch bei wachsender Einfühlung in die jeweilige Konstellation nicht ablenken: Das Leiden am Verlust der jugendlichen Konstitution und einiger Essentials weiblichen Lebens, die Trauer darüber läßt sich nicht abhalten und spiegelt sich in der Eindunkelung der ehemaligen Fliederfarbe zu einem schweren Violett, das der liturgischen Passionsfarbe gleicht, wie sie die Antependien, die Tücher an Kanzeln und Altären, in der vorösterlichen Fastenzeit tragen.

Am Tiefpunkt des Erlebens, der zugleich Schwerpunkt ist, angekommen, wo sie verweilt und die dunkle Farbe aushält, tritt bei dieser Frau in der Imagination ungerufen eine neue, wieder komplementäre Farbe vor das innere Auge, ein strahlendes Goldgelb, wie ein Lichtpunkt zunächst nur, das sich dann aber ausbreitet und dem Violett ein Gegengewicht bietet: Für sie ist es die Farbe der Sonne selbst, der Sonnenblumen, Astern, der herbstlichen Früchte, vor allem aber ist es für sie die Farbe der Einsicht, der Klarheit, ja der Weisheit: Gold. Es ist eine Farbe, die die Transformation zur Frau durch eine Schmerzphase hindurch anzeigt. Goldgelb und Violett zusammen, nicht eine dieser Farben allein, sagt sie, macht für mich das Kolorit dieser Jahre aus. Gerade in der durchgehenden Kontrapunktik liegt für sie das Lebensgefühl dieser Wandlungsphase.

Eine Sechzigjährige schließlich ärgert sich zunächst, daß sich ihr ein „Altrosa" aufdrängt, ihr, die immer Rot geliebt hat und die sich nach wie vor sehr aktiv am Leben beteiligt. Sie findet das Altrosa, dieses „gebrochene, gedämpfte, schwächliche Rosa", wie sie sagt, zunächst einfach kränkend und kitschig, hat aber den Mut und die Geduld, es nicht zu verdrängen: So findet sie schließlich einen Ton, der ihr sympatisch ist, das Altrosa wandelt sich in ein gedämpftes Burgunderrot. Auch hier drängt sich nun Grau herein – die Sorge vor dem „Grauwerden" –, doch vertieft und intensiviert es sich rasch zu Silbergrau, bekommt Glanz und Schimmer und wird zu Silber, einer Farbe, die symbolisch schon in den Märchen mit dem Mond und mit mondhaftem Wissen um die rechte Zeit und die Gezeiten des Lebens, um die Wandlungsvorgänge, mit weiblicher Weisheit also verbunden ist. Hinzu kommen Intuition, Ahnungsvermögen und die Fähigkeit, die Nacht, also auch seelische Dunkelheit, zu erhellen. Das ist das Wissen, das der gewandelten Frau zuteil werden kann.

Die genannten Farben, auch die komplementären Farbpaare, geben Stimmungsbilder einzelner wieder, die in der entsprechenden Lebensphase stehen. Es sind nicht die einzigen Farben, die wir für jene Phasen wählen können. Zur Einstimmung jedoch in die Wandlungsprozesse, von denen dieses Buch handeln wird, wollte ich diese Farben, dem Spiel der Stimmung und Phantasie entsprungen, nennen. Sie mögen dazu anregen, daß auch andere ihre eigenen Farben für ihre jetzige Lebensphase, die zurückliegende wie die kommende, zu finden vermögen.

# Die Frau an der Schwelle

## *Aspekte des mittleren Erwachsenenalters*

Mit 35 beginne die zweite Lebenshälfte, die Wende zum Eigenen, zum Inneren, nachdem die erste Lebenshälfte vor allem dem Aufbau des äußeren Lebens in Beruf, Beziehung und Familie, der Erfüllung gewisser Rollen, die unsere Gesellschaft erwartet, gedient habe. So lautet Carl Gustav Jungs diskussionswürdige These.[1]

Falls es grundsätzlich solch eine Lebensschwelle gäbe, wäre sie denn auch heute noch bei der seit Jungs Zeit weiter gestiegenen Lebenserwartung für Frauen noch zeitlich richtig angesetzt: bereits mit etwa 35 Jahren?

Für uns Frauen jedenfalls, die mich jetzt vor allem interessieren, beginnen zweifellos um die 35 herum neue und entscheidende Überlegungen. Will ich noch ein Kind haben, falls ich noch keines habe? Will ich ein weiteres, vielleicht ein letztes Kind bekommen, falls da schon welche sind? Werde ich überhaupt noch ein Kind bekommen können, falls sich bisher noch keines einstellen wollte?

Die Begrenzung der gebärfähigen Zeit kommt von 35 an bei den meisten Frauen in Sicht, auch wenn sie bei vielen bis Mitte 40 noch anhält, bei wenigen sogar noch etwas länger. Doch die Tatsache der Begrenzung löst schon für sich genommen eine Veränderung im Lebensgefühl aus. Der Kinderwunsch wird, wo er besteht, dringlich; die Sorge, vielleicht unfruchtbar zu sein, verdichtet sich; der Kummer, vielleicht wegen der bestehenden Lebensumstände oder fehlender Partnerbeziehung kinderlos bleiben zu müssen, vertieft sich. Die eine oder andere Frau, beruflich stark beansprucht und auch erfüllt, mag von diesen Fragen und den zugehörigen Gefühlen zur Zeit noch verschont bleiben.

Für die Mehrzahl der Frauen aber mischt sich in das Gefühl, auf der Mittagshöhe des Lebens zu stehen, zugleich ein mahnender, dunklerer Klang. Für bestimmte Bereiche weiblichen Lebens wie die der körperlichen Fruchtbarkeit sind Grenzen gesetzt, der fruchtbaren Phase ist nur eine gewisse Zeitspanne gewährt. Und schon ehe sie physisch ausgeschöpft ist, wächst jenseits der Vierzig, wie man weiß, das Risiko, ein behindertes Kind zu bekommen.

So bekommen gewisse Lebensentscheidungen, die mit der körperlichen Konstitution der Frau zu tun haben, ab 35 eine Dringlichkeit, die sie zuvor nicht hatten, und ziehen weitere Entscheidungen, z. B. im Ausbildungs- und Berufsbereich oder im Feld der Partnerbeziehungen nach sich.

Da ist z. B. Anne, die nach langem und fast schon resigniertem Warten erst Mitte Dreißig ihr erstes Kind bekam, ein Mädchen, dem sie sich nun gut zwei Jahre lang unter Zurückstellung aller beruflichen Interessen und Chancen intensiv und mit Freude gewidmet hat.

Im dritten Lebensjahr ihrer Tochter nun wagt sie es, sich einen beruflichen Herzenswunsch zu erfüllen und eine qualifizierte Fortbildung zu beginnen, die sie, wie sie hofft, auch die dem Kind gewidmeten Jahre beruflich wieder „aufholen" ließe. Zugleich entwickelt auch ihr partnerschaftlich mittragender Mann, der der kleinen Tochter viel Zeit widmet, für seine berufliche Zukunft neue Perspektiven, der Freiraum für beide scheint mit dem älter werdenden Kind wieder größer zu werden, die Entlastung durch Kinderkrippe und Kindergarten kommt in Sicht.

Da entdeckt Anne, daß sie erneut schwanger ist. In ihrer ersten Überraschung spürt sie stark, daß sie nun in ihrem Alter gegen Vierzig mit einer doppelten Krisensituation konfrontiert ist: ein zweites und letztes Kind, wenn überhaupt, sollte sie nicht später bekommen als jetzt, so empfindet sie gemeinsam mit ihrem Partner. Sie steht also vor der Entscheidung, entweder diese Schwangerschaft zu bejahen oder keine mehr. Zugleich duldet die Entscheidung für die berufliche Fortbildung aus sachlichen und persönlichen Gründen keinen weiteren Aufschub. Auch wird im Bereich dieser Fortbildung nicht gern gesehen, daß man sie jenseits des vierzigsten Jahres noch beginnt. Auch hier würde „der Zug abfahren", wenn sie die Fortbildung weiter hinausschöbe, so legt sie mir mit guten Gründen auseinander. Was bleibt zu entscheiden? Für sie, die warmherzige und zugleich kluge und berufserfahrene Frau, gibt es nichts anderes, als nun beides zu wagen: Schwangerschaft und Fortbildung miteinander. Sie möchte weder auf die berufliche Entfaltungsmöglichkeit in der zweiten Lebenshälfte noch auf ein zweites und letztes Kind verzichten. Die riesige Vorfreude ihrer kleinen Tochter auf das Geschwisterchen und deren Interesse an der Schwangerschaft, die man ihr nicht lange verbergen konnte, tut ein übriges dazu, diese auch bejahen zu können. Doch ist für Anne stark ins Bewußtsein getreten, daß sie auf der Schwelle zur zweiten Lebenshälfte steht: Dieses Bewußtsein macht ihr die Entscheidung leichter und schwerer zugleich.

Ein zweites Beispiel:
Eine engagierte Architektin, bisher mit ihrem Beruf verheiratet und in wechselnden Beziehungen stehend, fragt sich angesichts ihres Eintritts ins vierzigste Jahr: „Ob ich irgendwann doch noch mal ein Kind kriege? Wer weiß? Ganz fertig bin ich damit noch nicht. Immer an Weihnachten fange ich an zu heulen. Eine Zeitlang habe ich mir so sehr ein Kind von Max gewünscht. Da habe ich bei jeder Gelegenheit gesagt: ‚Ich möchte unbedingt von Max ein Kind. Ich habe zu Max gesagt, man muß laut drüber reden, dann geht der Wunsch weg. Natürlich würde ich den Beruf und den Mann mit Kind nicht aufgeben. Kann ich nicht.'"[2]
Auch wenn in ihrem Leben, wie sie sagt, der Beruf primär bleiben wird, fällt es ihr nicht leicht, auf den Kinderwunsch ganz zu verzichten, auch wenn sie sich fast wünscht, er möge verschwinden.

Zur Grunderfahrung des Übergangs in die zweite Lebenshälfte gehört dieses, daß wir die zeitliche Begrenzung unseres Lebens in seinen Phasen und damit die Unverschiebbarkeit gewisser Entschlüsse und Vorhaben, vor allem aber einer Schwangerschaft, wahrnehmen und akzeptieren. Das schließt ein, die zeitlichen Relationen zu bedenken, die entstehen, wenn man mit Vierzig noch ein Kind bekommt. In Relation zur Adoleszenz hätte das jetzt geborene Kind bereits Eltern, die den Jahren nach seine Großeltern sein könnten und dies dann in einer Zeit, die für ihre Auseinandersetzungen und Ablösungskrisen bekannt ist.

Eine andere Frau Ende Dreißig steht mir vor Augen. Sie hat seit mehreren Jahren durch Hormonkuren und andere einschneidende gynäkologische Maßnahmen eine Schwangerschaft in die Wege zu leiten versucht, die die Natur ihr verweigerte trotz dringlichen Kinderwunsches, der von ihrem Partner fast noch drängender vertreten wurde als von ihr selbst. Gelegentlich deutete sie allenfalls eine gewisse Ambivalenz an, da sie sehr gefordert und auch erfolgreich in einem anspruchsvollen Beruf steht, der sich möglicherweise mit Schwangerschaft und Betreuung eines Säuglings nicht ganz verbinden ließe. Wie auch immer: Die gynäkologischen Bemühungen blieben über Jahre hin erfolglos.

Da erschütterte sie die Nachricht, daß ihr Partner mit einer anderen Frau ein Kind gezeugt habe und diese entschlossen sei, es auszutragen. Dieses Kind wird auch geboren, er akzeptiert es als sein Kind. Sie ist ausgeschlossen.

Was diese Enttäuschung in ihr bewirkt und wie sie nun an der Grenze des gebärfähigen Alters mit dem Gedanken, unfruchtbar zu sein, umgehen soll, ist nur schwer zu ermessen. Jedenfalls wehrt sie von da an jede gynäkologische Bemühung um ihre Empfängnis- und Gebärfähigkeit ab und versucht, den Tatsachen ins Auge zu sehen. Die Thematik der zweiten Lebenshälfte bricht radikal über sie herein: Ihre einzige Chance scheint darin zu bestehen, auf eine andere Weise als auf die physische fruchtbar zu werden, vielleicht in ihrem anspruchsvollen und auch geliebten Beruf, der sie mit vielen Menschen zusammenbringt – vielleicht auch in einer besonderen inneren Entwicklung, einem „inneren Kind“. So sucht sie seit einiger Zeit Zugang zu einer neuen Spiritualität, die sich bei ihr in meditativem Malen ausdrückt.

Als drittes Beispiel möchte ich das einer Vierzigjährigen nennen, die bis dahin, von ihrem Beruf sehr erfüllt, einen deutlichen Kinderwunsch nie verspürt zu haben schien. Sie stand beruflich in einer überaus lebendigen, anregenden Bildungsarbeit mit Erwachsenen, die sie auch innerlich erfüllte. Doch an der Vierziger-Schwelle stieg das bisher „ungelebte Leben“, ein intensiver Beziehungs- und Kinderwunsch in ihr auf, zugleich mit dem deprimierenden Gefühl, daß es vielleicht für beides, gewiß aber für den Kinderwunsch, zu spät sein könnte. Sie besprach sich in ihrer plötzlich aufbrechenden Krise mit einer älteren Therapeutin, die ihr zunächst nichts anderes riet als dies, den Beziehungs- und Kinderwunsch nun wirklich in ihr Gefühl treten, durch ihr Gefühl ziehen zu lassen, ihn ganz anzunehmen, auch wenn die Lücke in ihrem Leben dadurch womöglich noch schmerzhafter als bisher spürbar würde. Hierdurch allein, durch die wirkliche Trauer um das bisher Versagte, könnte es in seinem vollen Wert aufleuchten und ihr damit innerlich zu eigen werden. Damit nehme sie es innerlich in ihr Leben auf und könne beziehungsfähig, ja „mütterlich“ werden. Diese Frau ist auf neue Weise beziehungsfähig und mütterlich geworden, wie ihr viele ihrer Freunde und Klienten bestätigen, doch nicht ohne einen schmerzhaften Trauerprozeß zuvor durchlaufen zu haben, der ihr den inneren Wert von „Mütterlichkeit“ ins Gefühl brachte.

Mit Beginn der zweiten Lebenshälfte spüren wir unweigerlich, daß unser Leben begrenzt ist, daß wir die eine Hälfte gelebt, die andere noch vor uns haben – aber eben auch nur noch als die Hälfte unserer Lebenszeit.

Dies bringt dazu, eine erste Bilanz zu machen: Was habe ich verwirklichen können, was fehlt in meinem Leben? Wie verhalten sich meine Wünsche, Sehnsüchte und Ideen, die ich in den Zwanziger- und Dreißiger-Jahren hatte, zu dem, was ich realisieren konnte? Gegen Vierzig spüren die Frauen deutlicher als die Männer gleichen Alters – und dies ist eine Chance –, daß es dazu auch Zeit wird: das ins Leben hereinzuholen, was ich unbedingt gelebt haben möchte, wenn ich sterbe.

Noch ist gewiß viel hereinzuholen, und auch von den versäumten Zügen kommen die meisten noch einmal vorbei (Erikson), aber nicht alle.

Unser weiblicher Körper zeigt untrüglich an, wofür es höchste Zeit ist. Er regt uns auch dazu an, unkonventionelle, sehr eigene Entscheidungen zu treffen, wie sie vielleicht auch der bewußte Verzicht auf ein Kind in diesen Jahren sein kann – oder auch ein spätes bewußtes Ja, das alle Risiken kennt und wagt.

Es geht in dieser Zeit natürlich keineswegs nur um die Fragen physischer Fruchtbarkeit. Mit gleichem Ernst und sogar im Zusammenhang mit dem ersten Fragenkreis tritt die Frage psychischer und geistiger Fruchtbarkeit ins Bewußtsein der Frau. Könnte es an der Grenze physischer Fruchtbarkeit um so mehr und neu um eine Fruchtbarkeit gehen: gleichsam um ein „inneres Kind"? Ich erwähnte diese Möglichkeit schon am Beispiel der Frau, die angesichts der schweren Enttäuschung am Partner und an der eigenen Fruchtbarkeit einen neuen spirituellen Weg einschlug.

Viele Träume dieser Zeit sprechen von Kindern, und es gilt jeweils zu prüfen, ob sie sich auf ein physisches Kind oder auf ein seelisch-geistiges beziehen. Seelisch-geistige Kinder, die etwa eine neue innere Entwicklung, eine neue Ausbildung oder Berufsrichtung meinen, heben sich schon im Traum vielfach dadurch hervor, daß sie dem Kind etwas Besonderes mitgeben, eine besondere Gabe, besonderes Aussehen, sogar ein besonderes Schicksal, in dem sehr oft Bedrohung und Errettung eine Rolle spielen, wie es dem Archetyp vom „göttlichen Kind" entspricht. Es kann aber auch gerade ein bisher behindertes Kind sein, ein entwicklungsmäßig zurückgebliebenes, das uns jetzt in unserem Traum um Zuwendung angeht. In den bisher behinderten, gebremsten Seiten unseres Wesens liegt ja das bisher unerschlossene Brachland, auf dem Neues entstehen kann.

## Das mittlere Erwachsenenalter

Was ist eigentlich typisch an dem Lebensübergang des mittleren Erwachsenenalters, den man heute etwa um die Vierzig herum ansetzt und dessen Spanne etwa das 40. bis 55. Lebensjahr umfaßt.[3] Typisch wie in allen Übergangsphasen scheint eine gewisse Unzufriedenheit und Unruhe zu sein, die einen ab 40, 45, eigentlich auf der Höhe des Lebens stehend, heimsucht. Diese einschießende Unzufriedenheit mit allem, was einem bisher stimmig erschien, der gewählte Lebensstil, die politischen und ethischen Überzeugungen, der Beruf, die Beziehungen: Diese aufkommende Unlust gegenüber allem, was bis dahin durchaus sinnvoll und lebenswert erschien, pflegt Umbruchsphasen allgemein zu charakterisieren. Alles Bisherige kann einem plötzlich fragwürdig werden: ob ich als Frau nun eine Familie gegründet habe oder auch nicht; ob die Wahl meines Partners, meiner Freundin wirklich stimmt, auf Dauer zu mir paßt oder eher nicht; ob ich die Kinder eigentlich ernstlich in meinem Leben haben wollte oder ob ich heute ein freies Leben ohne sie vorziehen würde. Die ganze Umwelt und Gesellschaft, in der ich lebe, kann mir plötzlich so unstimmig erscheinen, daß ich geradezu eine Tendenz zum Auswandern habe.

Eine gute Bekannte, die zufällig bei einem Losverfahren eine Green Card, die Aufenthalts- und Arbeitsbewilligung in den USA bedeutet, gewonnen hatte, entschloß sich, nachdem eine ihr wichtige Beziehung zu dieser Zeit ohnehin gescheitert war, in ihren Vierzigern noch nach den USA auszuwandern. Indem eine Frau alles hinterfragt, was sie bisher gelebt hat, wird ihr Leben gleichsam aufgebrochen und umgepflügt wie ein Acker, in den neu eingesät werden kann. Die Umpflügung kann sogar so herum geschehen, daß eine engagierte Berufsfrau, die bisher völlig entgegen dem Konzept ihrer Eltern lebte, nun auf einmal von deren Konzept, zu denen Kinder und ein romantisches Häuschen mit Garten gehörten, wie heimgesucht wird. Dieser früh verdrängte Wunsch nach einer Geborgenheit, die sie in ihrem Elternhaus und dessen Lebensstil gehabt hatte, fällt ihr nun plötzlich in den Rücken.

Einer anderen Vierzigerin erscheint die langjährige Beziehung zu einem Mann, den sie liebt, auf einmal gar nicht mehr verbindlich, es sei denn, sie heirateten, was ihr bisher als erzkonservativ erschienen war. So heiraten sie denn auch.

Das mittlere Erwachsenenalter unterscheidet sich von früheren Lebensphasen vor allem dadurch, daß nun die Entscheidungen eine besondere Dringlichkeit bekommen. Der Horizont unseres Lebens, seine Endlichkeit, zunächst das Alter und gar der Tod als letzte Grenze werden sichtbar, lassen sich zumindest nicht mehr ganz übersehen.

Von daher wird in der Tat alles, was bisher unser Leben ausmachte, einer erneuten Frage würdig: Hält es angesichts der Vergänglichkeit und dessen, was ich am Ende meines Lebens gelebt haben möchte, stand? Habe ich das gelebt, was ich an seinem möglichen Ende gelebt haben möchte? Was ist überhaupt wichtig in meinem Leben?

Spätestens um den 50. Geburtstag herum rücken diese Fragen auf den Leib, doch sie schleichen sich schon vorher an. Es geht darum, mit der Begrenztheit und Endlichkeit des Lebens umgehen zu lernen. Dies kann nur gelingen, wenn wir uns allmählich von Größenideen unserer jungen und mittleren Jahre, auch von überhöhten Selbstbildern verabschieden, die uns in dieser Lebensphase, weil wir sie nicht mehr einzulösen vermögen, viel eher zu bedrücken als zu beflügeln vermögen. Was sich einlösen ließ, ist meist realisiert, steht vor Augen und läßt sich gewiß in den nächsten Jahren noch weiter ausbauen. Doch was bis jetzt auch nicht in Ansätzen realisierbar war, davon sollte ich mich vielleicht doch langsam verabschieden. Es paßt offenbar doch nicht zu mir, liegt mir nicht, sonst hätte ich es längst in die Wirklichkeit hineingetragen.

Eine begabte und verantwortungsvolle Krankenschwester, die in ihrer Jugend Kunstmalerin werden wollte, prägte für sich den passenden Satz: „Ich meine, ich werde jetzt auf meine wahre Größe zurückgeworfen." Sie spricht, überhören wir es nicht, von ihrer „wahren Größe", auf die sie allerdings zurückgeworfen werde. Beides ist in dieser klugen, bildhaften Aussage enthalten, beides, was nicht nur sie, sondern alle Frauen im mittleren Erwachsenenalter betrifft: Es gilt, ein überhöhtes Ich-Ideal abzubauen, dem ja nur allzuoft eine Entwertung des realen Ich entspricht, ein aufgeblähtes Selbstbild schrumpfen zu lassen, um statt dessen – jenseits von Überwertigkeit und Selbstentwertung – auf seine wahre Größe zurückzukommen, die bei dieser Krankenschwester durchaus vorhanden und ansehnlich genug ist, daß sie in guter Selbstachtung vor sich bestehen kann. Statt Kunstmalerin zu werden, wird sie leitende Schwester auf ihrer Station und beginnt mit großem Engagement eine Zusatzausbildung in Kunsttherapie. So kommen ihre beiden Begabungen, kommt ihre „wahre Größe" zum Tragen.

Wir dürfen in diesem Alter dazu stehen, gewöhnliche Menschen zu sein, die etwas erreicht haben in ihrem Leben, wenn auch nicht alles. Zur guten Selbstachtung, zum fundierten Selbstgefühl gehört auch, daß wir uns in unserem Gewordensein mit seinen Voraussetzungen und Behinderungen selbst gut verstehen und uns deshalb auch verzeihen können, wenn wir gelegentlich versagt haben und bestimmte Ziele nicht einlösen konnten. „... Und irrt euch hundertmal wie ich mich irrte und Proben nie bestand, doch hab ich sie bestanden, ein um das andere Mal" – so drückt es Ingeborg Bachmann aus, die 42 Jahre alt war, als sie ihr Gedicht „Böhmen liegt am Meer" schrieb. Erst recht gehört es zum guten Identitätsgefühl, daß wir das stehen und gelten lassen können, was wir – allen äußeren und inneren Widerständen zum Trotz – eben doch geleistet haben und doch geworden sind. Manchen Patientinnen kann ich angesichts ihrer beschwerten Lebensgeschichte nur respektvoll sagen: „Daß Sie überhaupt noch krabbeln, ist toll." Da überfliegt oft verschämter Stolz ihr Gesicht: „Aber sicher, ich halte schon einiges aus."

Angesichts der Begrenztheit unseres Lebens, die wir jetzt stärker spüren als bisher, wird unsere Lebenszeit auch kostbarer, und alles, was wir verwirklichen konnten, gewinnt seinen besonderen Wert. In diesen Jahren spüren wir vielleicht zum ersten Mal, daß alles, was wir gelebt haben, auch in den Speicher unserer Psyche und unserer Physis eingeht, dort als Gespeichertes auch abrufbar ist, und daß einerseits in der äußeren Zeitlichkeit alles vergeht und doch andererseits in der inneren Zeit nichts verloren geht. In unseren Nachtträumen, aber auch in unseren Tagträumen und bewußten Erinnerungen ist alles simultan da, die entsprechenden Gefühle springen ganz lebendig auf, wenn wir uns erinnern, alles, was in unserem Leben für uns Bedeutung hatte, bleibt in unserer Seele präsent.

## Die Lebenswende

### *Exkurs*

Der erste übrigens, der angesichts des zwischen dem 35. und 40. Jahr beginnenden Lebensübergangs von einer „Lebenswende" sprach, die in die „zweite Lebenshälfte" hinüberführe, war der anfangs erwähnte Carl Gustav Jung in seinem Vortrag „Die Lebenswende" von 1930.[4] Nach seiner Sicht geht es bei der „Lebenswende" um die Entstehung eines einheitlichen Geschehens, das in einem großen Bogen die gesamte sogenannte „zweite Lebenshälfte" umfaßt. Worum geht es da? Jung beschreibt diesen Veränderungsprozeß als eine vielschichtige Erfahrung, die vom Unbewußten ausgeht.

„In dieser Lebensphase, eben zwischen 35 und 40, bereitet sich nämlich eine bedeutende Veränderung der menschlichen Seele vor. Es ist allerdings zunächst keine bewußte und auffallende Veränderung, vielmehr handelt es sich um individuelle Anzeichen von Veränderungen, die im Unbewußten ihren Anfang zu nehmen scheinen. Manchmal ist es wie eine langsame Charakteränderung, ein anderes Mal kommen Eigenschaften wieder zum Vorschein, die seit dem Kindheitsalter verschwunden waren, oder die bisherigen Neigungen und Interessen fangen an zu verblassen und an ihre Stelle treten andere."[5] Jung weist aber auch darauf hin, daß sich andererseits bereits in diesem Alter, erst recht jenseits der Fünfzig und Sechzig, die bisherigen Überzeugungen und Prinzipien, besonders die moralischen, bei manchen zu verhärten beginnen „wie wenn diese Prinzipien in ihrer Existenz bedroht wären und deshalb erst recht festgehalten werden müßten". (ebd.) Auch diese Menschen spüren, daß eine Veränderung ansteht, die die Grundfesten ihrer bisherigen Überzeugungen zu erschüttern droht, doch sie antworten auf die damit verbundene Angst nicht mit einer Öffnung, sondern mit desto festerer Verschlossenheit. Das Problem dieser Altersstufe besteht darin, daß der betroffene Mensch nicht vermag, sich „der Jugendphase zu entschlagen".[6] Und Jung führt weiter aus: „Er kann sich anscheinend in den grauen Gedanken des Altwerdens nicht finden und schaut deshalb krampfhaft zurück, weil der Ausblick nach vorne unerträglich ist."[7] Angesichts der Lebenswende öffnen sich zwei Verhaltensmöglichkeiten wie eine Schere: Die eine heißt, sich hinzugeben an die Veränderung, die andere, sich festzuklammern am Bisherigen, am sich entziehenden Leben. Dadurch wächst die Angst. Immer wieder vergleicht Jung den Übergang in die Lebenswende mit dem Übergang von der Kindheit in die Jugend, die wir alle durchlebt haben, er verweist uns auf diese Erfahrung: „Wie der kindhafte Mensch vor der Unbekanntheit der Welt und des

Lebens furchtsam zurückschreckt, so weicht auch der Erwachsene vor der zweiten Lebenshälfte zurück, wie wenn dort unbekannte, gefährliche Aufgaben seiner harrten oder wie wenn er dort mit Opfern und Verlusten bedroht wäre, die er nicht auf sich nehmen könne, oder wie wenn ihm das bisherige Leben so schön und so teuer vorkäme, daß er es nicht missen könnte."[8] Diese „tiefliegende, merkwürdige Veränderung der Seele"[9], die jenem Gefühl der Bedrohung beim Übergang in die zweite Lebenshälfte zugrunde liegt, vergleicht Jung mit dem Erlebnis des Aufstiegs und des Abstiegs der Sonne. Er schlägt vor, sich einmal in die Sonne wie in eine lebendige Person hineinzuversetzen. Die Sonne, die beim Aufstieg eine immer größere Erweiterung ihres Wirkungskreises und damit auch ihrer Bedeutung erfährt, erreicht auf einmal die unvorhergesehene Mittagshöhe, unvorhergesehen, „weil ihre einmalige individuelle Existenz ihren Kulminationspunkt nicht vorhersehen konnte". Um 12 Uhr mittags beginnt unerbittlich der Untergang. Und der Untergang bedeutet nach Jung die „Umkehrung aller Werte und Ideale des Morgens".[10]

Jung spricht mit starken Worten von einer „psychischen Mittagsrevolution"[11], in der nicht nur die Werte, sondern selbst die Körper sich wandelten, so wie derjenige der Frau so auch der des Mannes, so daß die Vorräte an weiblicher und männlicher „Substanz", mit denen je beide Geschlechter ausgestattet sind, in der ersten und zweiten Lebenshälfte unterschiedlich gebraucht werden. Jung hat diesbezüglich eine originelle Vorstellung: „Der Mann verbraucht (in der ersten Lebenshälfte, I. R.) seinen großen Vorrat an männlicher Substanz und hat nur noch den kleineren Betrag an weiblicher Substanz übrig, der nunmehr zur Verwendung gelangt. Umgekehrt die Frau, die ihren bisher unbenutzten Bestand an Männlichem nunmehr in Tätigkeit treten läßt."[12] Auch wenn wir heute Gefühl oder Verstand nicht mehr so eindeutig einem der beiden Geschlechter zuordnen wie Jung das tut – neue Forschungsimpulse Jungscher Psychologinnen haben die Perspektiven verändert[13] –, so bleibt doch die Aktivierung bisher ungelebter Seiten für beide Geschlechter in dieser Lebensphase dringlich. Sehr häufig seien diese Verwandlungen von Ehekatastrophen vieler Art begleitet, „wenn der Mann sein zartes Gefühl und die Frau ihren Verstand entdeckt".[14] Wir seien im allgemeinen, so schreibt Jung um 1930, so wenig auf diese Veränderungen vorbereitet, daß es „höherer Schulen für Vierzigjährige" bedürfte, um die neuen Grundregeln zu lernen: „Wir können den Nachmittag des Lebens nicht nach demselben Programm leben wie den Morgen, denn was am Morgen viel ist, wird am Abend wenig sein, und was am Morgen wahr ist, wird am Abend unwahr sein."[15] Was sind aber die Grundregeln, die es in einer solchen „höheren Schule für Vierzigjährige" zu lernen gäbe? Die erste und schwierigste Lektion wäre nach Jung die Einsicht, daß das Leben sich nicht in einer eindeutig aufsteigenden Linie weiter entfaltet, sondern daß es zumindest in gewissen Bereichen sich neigt, wie die Sonne nach dem Kulminationspunkt ihres Standes um 12 Uhr mittags zu sinken beginnt. Nach Jung stellt sich dies im menschlichen Leben so dar, daß nach der Erreichung des „sozialen Zieles" in der ersten Lebenshälfte eine Wende erfolgt, die nun den bisher ungelebten Teilen der Person das Aufsteigen ins Bewußtsein und in die Verwirklichung ermöglicht. Jung gibt zu bedenken, daß die Erreichung des sozialen Zieles in der ersten Lebenshälfte jeweils auch „auf Kosten der Totalität der Persönlichkeit erfolgt sei. Vieles, allzuvieles Leben, das auch hätte gelebt werden können, blieb in den Rumpelkammern der Erinnerung hängen ..."[16], die es nun zu öffnen gelte. Zu den Wiederentdeckungen dessen aber, was „in der Rumpelkammer" weggeräumt war, gehört vor allem anderen das eigene Selbst in vielen seiner Züge, die bisher überhaupt noch nicht zum Tragen gekommen sind. Jung erläutert dies so: „Für den jugendlichen Menschen ist es beinahe eine Sünde oder wenigstens eine Gefahr, zu viel mit sich selber beschäftigt zu sein, für den alternden Menschen ist es eine Pflicht und eine Notwendigkeit, seinem Selbst ernsthafte Betrachtung zu widmen. Die Sonne zieht ihre Strahlen ein, um sich selber zu erleuchten, nachdem sie ihr Licht auf eine Welt verschwendet hat." Mit diesem ein wenig hinkenden, aber originellen Vergleich sieht Jung wohl die Abendsonne vor seinen inneren Augen, die intensiv von innen her leuchtet, während sich die ausstrahlende Lichtenergie mindert. Jung setzt diesem Bild erfüllten Alters das klägliche Bild des Jugendwahns entgegen: „Statt dessen ziehen es viele Alte vor, ... ewig Junge zu werden, ein kläglicher Ersatz für die Erleuchtung des Selbst, aber eine unausbleibliche Folge des Wahnes, daß die zweite Lebenshälfte von den Prinzipien der ersten regiert sein müßte."[17] Mit Jung darf man sich im Ernst fragen, was es bedeutet, daß das Leben des Menschen und gerade das der durchschnittlich mit noch höherer Lebenserwartung begabten Frau auf 70, 80 oder gar 90 Jahre angelegt ist, wenn „diese Langlebigkeit dem Sinn seiner Spezies nicht entspräche."[18] Könnte es nicht um eine Art von Freistellung des Menschen, der Frau, nach der Erfüllung ihrer biologischen „Pflicht" für den „Sinn" ihres je persönlichen Lebens sein?

Vielleicht ist es ja ein Kuriosum, daß auch noch heutigen Biologen diese Langlebigkeit, vor allem auch der Frau, nur begreiflich erscheint, wenn sie auch einen biologischen Zweck habe, der z. B., wie einige in letzter Zeit herausfanden, darin bestehen könne, den Enkelkindern bei der schnellen Folge der Geburten, die die Mutter früher in Anspruch nahmen, zu ausreichender Nahrung zu verhelfen. Dies also sollte der „Lebenszweck" der älteren Frauen, der Großmütter sein?! Für Jung fielen jedoch alle diese Aufgaben – die soziale Existenz zu sichern, Familie und Nachkommenschaft zu haben und zu versorgen – noch grundsätzlich unter die Aufgaben der ersten Lebenshälfte und sind damit „noch bloße Natur, keine Kultur"[19], und er folgert unter dieser überraschenden Perspektive weiter: „Könnte also Kultur der Sinn der zweiten Lebenshälfte sein?"[20] In welchem Sinn spricht Jung hier wohl von „Kultur"? Nach Jungs Überzeugung muß auch der „Lebensnachmittag" eigenen Zweck und Sinn besitzen und kann nicht nur „ein klägliches Anhängsel des Vormittags" sein. Worin aber könnte nun der Sinn des „Lebensnachmittags" liegen, was wäre diese „Kultur", von der Jung spricht? Jung kann es sich nicht versagen, in diesem Zusammenhang darauf hinzuweisen, daß in Stammeskulturen „fast stets die Alten die Hüter der Mythen und Gesetze" seien[21] , in denen sich in erster Linie die Kultur des jeweiligen Stammes ausdrücke. Und nachdrücklich fragt er: „Wo ist die Weisheit unserer Alten? Wo ihre Geheimnisse und Traumgesichte?"[22]

Solche Menschen jedoch, deren Lebenszielpunkt nicht vor, sondern hinter ihnen liege, müßten statt dessen zurückschauen und zurückstreben: „Gewiß", so Jung, „hätten diese Menschen früher schon ihre Lebensschale bis zum Überfließen gefüllt und bis zum Grunde geleert, so würden sie jetzt wohl anders empfinden, sie hätten nichts zurückgehalten, alles, was brennen wollte, wäre verbrannt, und die Stille des Alters wäre ihnen willkommen."[23]

Doch so weit sind wir noch nicht. Für die Vierzigjährigen kann es nur darum gehen, etwas von jener Lebenskunst zu lernen, die man als „die vornehmste und seltenste aller Künste" bezeichnen könnte, eine Kunst, bei der es darum ginge, „den ganzen Becher in Schönheit zu leeren."[24] Das aber hieße, für die zweite Lebenshälfte die „Kultur der Seele" wiederzuentdecken, ihre Sprache, ihre Ausdrucksweise, die nach Jungs Sicht vor allem in „urtümlichen Bildern" besteht, „in Symbolen", die, älter als der historische Mensch, ihm „seit Urzeiten angeboren und alle Generationen überdauernd, ewig lebendig die Untergründe unserer Seele erfüllen". Völligstes Leben sei nur in Übereinstimmung mit ihnen möglich. Weisheit wäre Rückkehr zu ihnen.[25]

Zu solchen Urgedanken und Urbildern zählt Jung auch die Idee vom „Leben jenseits des Todes", die er für einen Lebenswert und einen der Gesundheit der Seele äußerst zuträglichen Gedanken hält: „Ich bin als Arzt überzeugt, daß es sozusagen hygienischer ist, im Tode ein Ziel zu erblicken, nach dem gestrebt werden sollte, und daß das Sträuben dagegen etwas Ungesundes und Abnormes ist, denn es beraubt die zweite Lebenshälfte ihres Zieles."[26] „Urbilder", zu denen also für Jung auch die Vorstellung eines Lebens über den Tod hinaus gehört, sind für ihn nämlich etwas wie „seelische Organe", denen er möglichst Sorge trägt, weshalb er manchmal einem älteren Patienten meint sagen zu müssen: „Ihr Gottesbild oder ihre Unsterblichkeitsidee ist atrophisch, infolgedessen ist ihr seelischer Stoffwechsel außer Rand und Band.“[27]

## Das eigene Gesicht finden

Nach diesem Exkurs auf Jungs um 1930 geäußerte Idee und sein nun schon klassisch gewordenes Konzept einer „zweiten Lebenshälfte“ gehe ich wieder zu der Perspektive und den Umfrageergebnissen einer Frau unserer Gegenwart, Dörthe Binkert, über, die, derzeit selbst in den Vierzigern, Frauen um Vierzig nach ihrer Lebenseinstellung befragte[28]. Das Bilanzieren gehört – gemäß der Lebensspannentheorie – zu den wichtigsten Charakteristika des mittleren Erwachsenenalters, das das Bewußtsein, in der Mitte des Lebens zu stehen, mit sich bringt. „Die Hälfte des Lebens ...“, so lautet das Stichwort bereits auf dem Umschlag des Buches, mitsamt der Folgerung: „... und irgendwann fängt das große Nachdenken an.“

Dörthe Binkert beginnt mit einer sehr persönlichen Einleitung: „Ich sah in den Spiegel und fand, daß ich schon unglücklicher mit mir gewesen war. Aber ratlos war ich auch. Das war nicht die Ratlosigkeit der Jugend, des noch nicht gelebten Lebens. Das Gesicht, das mir entgegensah, hatte Kanten und Linien, die davon sprachen, was schon war. In diesem Gesicht war aber auch noch Platz für andere Falten. Welchen Ausdruck wollte ich meinem Gesicht noch geben?“[29]

Ab Vierzig sei man verantwortlich für sein eigenes Gesicht, so lautet die bekannte Redensart. Und viele Frauen in diesem Alter sind, trotz erster Spuren des Älterwerdens, mit ihrem Gesicht und mit ihrem Körper mehr zufrieden als früher, sind mehr darin „zu Hause“, mehr sie selbst: „Ach, wir beginnen zu welken“, meint eine von Binkerts Gesprächspartnerinnen, „aber noch nie fand ich mich so schön wie jetzt.“ Das Hauptproblem scheint psychischer Art zu sein, eine Frage des Selbstverständnisses: „Ich befragte noch einmal meine alten Träume und Ziele ... War ich die geworden, die ich einmal werden wollte, damals, als ich vor 20 Jahren oder mehr begonnen hatte, die Weichen für mein Leben zu stellen? Und welches Bild sah ich vor mir, wenn ich an mich als eine Fünfzig-, eine Sechzigjährige dachte? Ich weiß es nicht ..."[30]

Eigentümlich für dieses Lebensalter, den Eintritt in die zweite Lebenshälfte, ist eben das Bilanzieren nach rückwärts – Was wollte ich realisieren? Was ist daraus geworden? – und auch nach vorwärts: Wer will und wer kann ich als Fünfzig-, Sechzigjährige sein? Es ist, als hielten wir in diesem Alter zwei Waagschalen in den Händen. Fragend.

Es ist nicht die Krise einer einzelnen, sondern das Krisenbewußtsein gehört zur ganzen Generation der jeweils Vierzigjährigen. Für die Generation der heute Vierzigjährigen, gerade der Frauen, ist, anders als zu Jungs Zeiten um 1930, das Losungswort „Selbstverwirklichung" vertraut, wird von der jetzigen Generation schon fast als Schlagwort empfunden, hat allerdings im allgemeinen Gebrauch auch einen anderen, flacheren Klang angenommen als den, den Jung meinte, wenn er von der bewußten Suche nach dem umfassenden Selbst, das das kleinere Ich, das ego umschließt, als von der Hauptaufgabe der zweiten Lebenshälfte spricht.

„Was ist Selbstverwirklichung", fragt sich denn auch Dörthe Binkert, „und hat Selbstverwirklichung etwas mit Glück zu tun?"[31]

In der Tat: Viele dieser Generation meinten bis dahin, Selbstverwirklichung sei das Tor zum Glück, sei vielleicht mit dem Glück selber gleichzusetzen, sie haben es auch, im Zuge der psychologischen Strömung der siebziger Jahre, damit probiert. Viele fragten auch bisher nur in dieser Weise, daß sie dem Leben gegenüber einen Anspruch auf Selbstverwirklichung und Glück zu haben glaubten; daß das Leben umgekehrt einen Anspruch an sie haben könnte, das zu verwirklichen, was es in ihnen angelegt habe: auf diese Fragestellung kommen vielleicht erst die Vierzigjährigen.

Nachdem sie ihre Kinder wieder einmal im Kindergarten abgeliefert hat, äußert sich eine Mutter in den Vierzigern so:

„Früher hat man geheiratet und war dann unglücklich. Heute muß man glücklich sein. Früher war das irgendwie keine Frage. Wenn man litt, weinte man sich mal bei der Nachbarin aus. So war halt das Leben. Heute muß man sich selbst verwirklichen und alternativ und glücklich dabei aussehen. Ob das besser ist ..."[32]

Frauen begreifen in diesem Alter, daß Selbstverwirklichung primär nichts mit Glück zu tun hat, vielleicht sogar gegenläufig zum schlichten Glücksstreben ist – sie kann mit Trennungen, Umschulungen, schmerzlich kleinen Neuanfängen, sogar mit neuen Babys zu tun haben –, und sie wählen die Selbstverwirklichung doch: weil sie offenbar nicht anders können, weil sie eine innere Notwendigkeit dieser Altersstufe ist.

## Selbstverwirklichung?

Dörthe Binkert macht „den Versuch einer Bestandsaufnahme" unter den Vierzigjährigen, die, oft noch von der 68er Bewegung berührt, von der Frauenbewegung, von der Suche nach neuen spirituellen Werten, heute nach Selbstverwirklichung suchen. Die Fragestellung soll lauten: Realität versus Ideal.

Inwiefern könnte das Thema Selbstverwirklichung, auch wenn es zweifellos beide Geschlechter betrifft, wenn man nur an die „Midlife-crisis" der Männer denkt, doch noch stärker ein Thema der Frauen als der Männer sein? Vielleicht ist es insofern ein Frauenthema, als sich Frauen in ihrer Weiblichkeit immer wieder in Frage stellen lassen und sich eben leider allzu oft den Maßstab von der Zustimmung der Männer verschreiben lassen, in dem Sinne, ob sie wohl eine „richtige" Frau seien; so haben viele nur eine „abgeleitete Identität" (Kast), auch wenn sie längst selbständig und selbstbestimmt im Beruf stehen und von daher auch Recht und Pflicht zur Selbstverwirklichung herleiten. Das kann so weit gehen, daß eine vierzigjährige Frau es ablehnt, zu einer kritischen Frauengruppe zu gehören, bei der all ihre Freundinnen mittun, mit dem Argument: „Das kann ich doch meinem Mann nicht antun." Eben diese „verschriebene Identität" ist es, die um die Vierzig herum brüchig und absolut unbefriedigend wird. Jetzt gilt es, nach sich selber zu fragen, nach der ureigenen Möglichkeit, und sich damit auch Unverständnis, Abgrenzungen, Trennungen einzuhandeln und somit den „Frösten der Freiheit"[33] auszusetzen. „Aus Selbsterkenntnis kann Selbstverständnis erwachsen, aus dem eigenen Selbstverständnis ein Selbstbekenntnis, das in die Tat umgesetzt Selbstverwirklichung bedeuten kann."[34] So definiert Dörthe Binkert den Weg von der Selbsterkenntnis zum Selbstbekenntnis.

Frauen um die Vierzig sind nun in puncto Selbstverwirklichung keine unbeschriebenen Blätter mehr, sondern haben einiges im Leben hingestellt, da gibt es sozuagen „harte Tatsachen", die stabilisieren und die aber auch nicht mehr umgangen werden können. Da ist meist ein Beruf; meist eine Lebenspartnerschaft. Da können Kinder sein oder auch nicht: Beides bestimmt künftige Entscheidungen mit. Soll man, auch wenn man ein halbwüchsiges Kind hat, das in seiner Schule und seiner Nachbarschaft eingebunden ist, eine neue Eheschließung wagen, die den Umzug in eine andere Stadt unweigerlich nach sich zöge? Wie schätzen wir bestehende Beziehungen, eine Ehe vielleicht, die mit großer Verliebtheit begann, heute ein? Berufsausbildungen und berufliche Positionen, die wir in diesem Alter einnehmen – und/oder Arbeitslosigkeit im erlernten Beruf –, verlangen ein erneutes Nachdenken und lassen sich zwar schon noch, in keinem Fall aber mehr leichthin verändern. Oft stehen wir gerade in diesem Alter in erhöhter Verantwortung und leisten viel auch für die Sozietät als ganze. Wir haben bis zu dieser Altersstufe so manches in die Welt gestellt, was uns jetzt anfordert und benötigt, auch Projekte gehören dazu.

Wie weit lassen sich die Weichen unseres Lebens um die Vierzig noch umstellen? Für die eine Frau ist es so, daß die bisher beweglichen Weichen sich nach ihrer Vorstellung nun endgültig stellen, fixieren, und „der Zug nicht mehr rangiert, sondern „eingleisig" davonfährt."[35]

Eine andere erlebt die Situation gerade umgekehrt und findet, „daß mit dem Älterwerden die Sicht immer weiter wird und man immer mehr Wege sieht, Möglichkeiten kennt."[36] Für Dörthe Binkert fühlt es sich so an:

> „In der Lebensmitte wiegen Vergangenheit und Zukunft gleich viel. Es gibt diesen Moment der Balance, in dem zwei Waagschalen auf gleicher Höhe schweben – jenen Moment, der mir dem Innehalten der Frauen zu entsprechen scheint, mit denen ich mich unterhalten habe, dem Rückwärtsschauen und dem Blick nach vorn. Ein Augenblick, in dem sich Zufriedenheit, Erleichterung, Trauer, Besorgnisse und Ängste in einer Art mischen, daß sich Nachdenklichkeit einstellt – und die Bereitschaft, sich aufmerksam und offen selbst zu betrachten."[37]

Gemeinsam ist den einzelnen dieser in sich so unterschiedlichen Frauengeneration um die Vierzig vielleicht nur dies eine, daß sie sich fragen: „Was wollen wir aus uns machen; wer sind wir geworden – und welche Wünsche haben wir für unsere ganz persönliche Zukunft."[38] Der zentrale Wunsch nach Selbstverwirklichung hängt freilich auch mit den ökonomischen Möglichkeiten der einzelnen Frau zusammen und damit, ob sie ihre existenziellen Bedürfnisse mit dem Geld, das sie verdient – wozu sie im allgemeinen einen Arbeitsplatz braucht –, relativ mühelos abdecken kann. Falls das nicht der Fall ist, wird sie, wie viele Befragungen bestätigen, die Sehnsucht danach zwar verspüren, aber keinen Weg sehen, über die Bewältigung des Alltags hinaus noch an Selbstverwirklichung zu denken. Insofern bleibt die Frage und die Chance einer besonderen Selbstverwirklichung doch die einer bestimmten Schicht.

Wenn schon die äußeren Bedingungen heute sehr viel weniger gegeben sind als noch vor einigen Jahren – die Entstehungszeit der Studie von Dörthe Binkert zeigt in vielem positivere Ausgangslagen für eine künftige berufliche Verwirklichung als Frau –, so ist es erst recht unerläßlich, sich nach den inneren Bedigungen zu fragen, die es einer Frau ermöglichen, gesellschaftliche Normen in bezug auf die eigene Person zu prüfen, zu variieren und vielleicht sogar zu sprengen. Zwar hat die Frauenbewegung hier manches Tor geöffnet, hat blockierende Erziehungsstile und gesellschaftliche Unterdrückungsmechanismen durchschaubar und damit grundsätzlich veränderbar gemacht. Doch die Beziehung der Geschlechter untereinander ist, wie es scheint, nicht grundsätzlich verändert. Es bleibt eine gewisse Bereitschaft vieler Frauen, für den Gewinn einer festen Partnerschaft ein Stück eigener Autonomie zu opfern, das Bedürfnis nach Eros und Sex auch um den Preis eigener Identitätsfindung auszuleben. So träumte eine Frau, sie müsse für eine Partnerschaft eine Hand opfern, beim Rudern mit dem Manne wurde ihr durch sein Ruder die rechte Hand abgeschlagen – sie ging dennoch diese Partnerschaft ein. Dieser Traum erinnert an die gequälte Heldin des Grimmschen Märchens „Das Mädchen ohne Hände". Ausnahmen sind natürlich zu beobachten, schöpferische, liebevolle, respektvolle Partnerschaften, doch bestätigen sie bis heute nur als Ausnahmen die Regel.

Andererseits ermöglichen die in dieser Lebensphase aus- und einbrechenden „chaotischen Gefühle", die konventionelle Muster und auch Beziehungen zu zersprengen drohen, eine Destrukturierung, ein Aufschmelzen verhärteter Muster, ein Vorgang, der an die in der heutigen Chaosforschung oft beobachteten Prozesse erinnert: Hier wird nachweisbar, daß gewisse Strukturen unter veränderten Bedingungen einerseits wieder zu Chaos zerfallen, andererseits jedoch sich neu strukturieren und zu entsprechenden, den neuen Verhältnissen besser angepaßten Ordnungen gelangen.[39] Hierzu kommt mir die Frau in den Sinn, die nach einer Liebesbegegnung mit einem Musiker aus ihrer zwanzigjährigen Ehe ausbricht, bis sie schließlich merkt, daß diese Begegnung vor allem ihre eigene künstlerische Begabung meint, die sie sträflich vernachlässigt hat. Als sie ihr wieder folgt, strukturieren sich ihre Beziehungen neu.

Ein solcher Destrukturierungsprozeß, wie ihn die vierziger Jahre mit ihrer Infragestellung des bisher Gelebten für viele Frauen mit sich bringen, scheint um so bedeutsamer, je deutlicher die Frauen zu erkennen geben, daß sie bisher, und sei es im Protest, doch noch stark den Familienmustern und den über die Familie vermittelten gesellschaftlichen Werten gefolgt seien:

> „Kaum eine, die mit 20 nicht wollte, was schon ihre Mutter wollte: heiraten und Kinder kriegen, so leben, wie die Umwelt es vormachte. Eigentlich bis in die Dreißiger hinein scheint das Leben der meisten Frauen meiner Generation nach traditionellen Mustern verlaufen zu sein – trotz der Studentenbewegung der 68er Jahre, die doch einige Frauen bewußt miterlebt, manche mitgetragen haben, trotz der Möglichkeit, den persönlichen Wunschberuf zu ergreifen und trotz einer starken Frauenbewegung, mit der alle in irgendeiner Form in Berührung gekommen sind. Es sind innere Fesseln, internalisierte Rollenbilder, die der Selbstverwirklichung der Frauen stärker im Weg zu stehen scheinen als die äußeren Barrieren."[40]

So die Erfahrung von Dörthe Binkert mit ihren Gesprächspartnerinnen.

Und doch hat sich eine Erkenntnis bei vielen Frauen durchgesetzt: Die Erkenntnis, selbständig sein zu können, selbst wenn sie sich wieder in Abhängigkeiten begeben hätten. Da sagt Sophie, eine Mutter von drei Kindern, deren Mann sie ständig spüren läßt, daß er derjenige sei, der das Geld bringe und sie die Abhängige: „Das Schlimme ist nur, daß er weiß, das stimmt gar nicht. Deshalb sagt er es auch so oft. Und ich weiß das auch. Ich habe ja die Erfahrung gemacht – und das macht keiner rückgängig –, daß ich arbeiten und ein Kind allein aufziehen kann." (ebd., S. 47) Sie hat ihren ersten Sohn in der Tat allein aufgezogen, weiß, daß sie so etwas kann. – Mir steht eine weitere Frau vor Augen, die sich erst bei der Scheidung einzugestehen wagte, daß sie es war, die durch all die Jahre in Familie und Beruf „den Karren gezogen" hatte. Solange sie noch um die Fortführung der Ehe kämpfte, hatte sie sich merkwürdig abhängig, zaghaft und kindlich dargestellt.

Beim Blick auf die kommenden Jahre stehen bei dieser Generation der Vierzigjährigen Wünsche nach einer Arbeit, die der eigenen Persönlichkeit entspricht, im Vordergrund, gefolgt von dem Wunsch nach kreativen Ausdrucksmöglichkeiten der eigenen Erfahrung, aber nicht nur im Sinne eines Hobbys. Eine „Karrierementalität" ist es eher nicht, was bei den befragten Frauen vorherrscht, trotz ihrer Wertschätzung der Arbeit. Ehrenposten und Statussymbole spielen keine große Rolle: sondern immer sollte neben der Arbeit Raum bleiben, Beziehungen zu pflegen. Berufliche Anerkennung allerdings, ohne Ansehen des Geschlechts, ist allen befragten Frauen wichtig geworden. Die Bereitschaft, Verantwortung zu übernehmen für sich selbst, die Kinder und die Lebenseinstellung, ist auch in dieser Generation von Frauen beeindruckend hoch, dementsprechend auch ihre Fähigkeit zu selbstkritischer, offener Introspektion.

Eine Tabuzone scheint bei dieser aktiven, verantwortungsbereiten Vierziger-Generation das Thema „Ängste" zu sein. Werden die Ängste vor dem Älterwerden etwa nur von denen verschwiegen, für die das Älterwerden vorerst eher Erwartungen als Ängste zu wecken scheint: Erwartungen, die z. B. darin bestehen, daß dann Zeit sein würde für ganz eigene, konzentrierte Arbeit, für erwünschtes Alleinsein, möglicherweise auch für einen adäquaten Partner, der vielleicht erst dann auftauchen werde, wenn man selbst ganz bei sich sei. Alter und Tod sind für die meisten mit Vierzig noch so weit entfernt, daß sie eine gewisse Abstraktion behalten – und doch wird gespürt, daß die Zeit verrinnt. Wie Einbrüche ins Lebensgefühl, ins Lebensvertrauen wirken schwere Erkrankungen oder lebensgefährliche Krisen der Eltern und manchmal auch schon der Altersgenossen und Partner.

Vorerst haben die Ängste offenbar nicht so viel mit den ersten Alterungsanzeichen des eigenen Körpers zu tun, auch der Zweifel, ob sie in erotischer Hinsicht noch so attraktiv sei wie bisher, hält sich bei der Frau mit Vierzig noch in Grenzen. Vielmehr wird das Körpergefühl und auch das Lebensgefühl von den meisten als besser, stabiler angesehen als in früheren Jahrzehnten: trotz oder wegen der Erkenntnis, dem Körper nicht mehr ganz so viel zumuten zu können wie früher. Das im Vergleich zu früher bessere Lebens- und Körpergefühl scheint vielmehr darauf zu beruhen, daß die Frauen langsam gelernt haben, die eigenen Kräfte besser einzuschätzen.

## Spiritualität

Ein sehr persönliches Geheimnis, das die meisten nur unter Scheu preisgeben, sind dagegen die religiösen Gefühle, die Spiritualität im weitesten Sinn. Wie staunte eine in ihrem Bewußtsein sehr kritisch emanzipierte Frau darüber, sich im Traum im Gewand einer Nonne vorzufinden! Die Sehnsucht nach einer schlichten, geordneten und auf das Wesentliche bezogenen Lebensform brach mit diesem Traum in ihr auf, dazu fast „ein Heimweh", wie sie es ausdrückte, nach einer spirituellen Gemeinschaft von Frauen. Eine andere wurde im Traum durch eine Priesterin in einen geheimnisvollen Dienst initiiert: Ein Amt am Leben wurde ihr übertragen. Auch für diese meist kritische Generation der Vierziger gilt: „Der Wunsch, über das eigene Ich hinauszugehen, sich als Teil eines größeren Ganzen zu verstehen, in welcher Weise auch immer das Bestehende zu transzendieren, es an innerem Sinn reicher zu machen, ist mir immer wieder sehr deutlich geworden."[41] So stellte auch Dörthe Binkert fest.

Etliche meiner Freundinnen um die Vierzig, selbstbewußt noch durch die Studentenbewegung gegangen, sind heute auf ganz neuen Wegen: Eine kam von einer kritischen, evangelischen Theologie zur Ethnologie, ist tief eingestiegen in die Erforschung des Schamanismus und seiner alten Riten. Um authentisch forschen zu können, lebt sie seit einem Jahr in einer Stammesgesellschaft mit; eine andere hat sich der Tanzbewegung angeschlossen, die, wie die Tanzgruppen um Gabriele Wosien, eine Erneuerung des sakralen Tanzes sucht; eine dritte praktiziert wieder das sogenannte „Herzensgebet" der russischen Starzen. Für Schwester Thomas, die einem katholischen Orden angehört, besteht Selbstverwirklichung in klassisch-christlichen Werten: der Hingabe an Gott und die Menschen. Auch dies gibt es heute noch und wieder, vielleicht gewinnt es sogar an Attraktivität. Eine aus Überzeugung aus dem Orden ausgetretene Franziskanerin – schwere Depressionen gaben ihr das innere Recht dazu – widmet sich mit Hingabe dem Schutz verstoßener Tiere –, ganz im Geiste des heiligen Franz.

Für Greta gehört Selbstverwirklichung mit der Verwirklichung einer Beziehung engstens zusammen. Für einige der von Dörthe Binkert befragten Frauen ist es der Zugang zu ihrem verborgenen, tieferen Selbst, wie es sich mit Hilfe von Träumen erschließt, ein Weg nach innen, den sie – ganz im Sinne Jungs – als ihre Selbstverwirklichung am Beginn der zweiten Lebenshälfte verstehen: Florence erkennt in der Imagination und in der Beachtung nächtlicher Träume eine Möglichkeit, „die Teile ihrer Person, die sie in ihren Beziehungen und im Beruf nicht leben kann, doch zu Wort kommen zu lassen und sich so als ganzen, unbeschnittenen Menschen zu erleben."[42] Für Anna gibt sich das Selbst im Spielerischen zu erkennen. Sie macht eine Phantasiereise, die damit beginnt, daß sie mit allen Sinnen die warme südliche Erde wieder erlebt, die sie von Ferienreisen kennt. Über steile Klippen steigt sie sodann tief hinab bis zum Meer. Dann geht sie am Strand entlang weiter und findet auf einmal eine Höhle. Diese erweckt Angst mit ihrer Dunkelheit, doch als sie sie, die Angst überwindend, betritt, herrscht im Inneren strahlendes Licht. Nach dem Gang durch die Höhle gelangt sie in einen alten Kreuzgang, der einen kleinen, mit Rosen bepflanzten Friedhof umschließt. Der Kreuzgang wiederum führt in eine kleine, einfache Kirche, so wie sie im Süden auf dem Land aussehen: „Aber innen war sie reichlich geschmückt. Dort war mir wohl. Da wollte ich bleiben. Ich saß ganz still."[43]

In ihrer Phantasiereise, ihrer Imagination scheint mir der ganze Weg, der in die zweite Lebenshälfte hineinführt, bildhaft vorweggenommen. Die Seele weiß, was vor ihr liegt, ist unterrichtet. Zunächst spürt sie die Erde warm, sinnenhaft. Südliche Erde erinnert sie an den Ort einer Insel, auf der sie Felix, den geliebten Mann, kennengelernt hat. Die Erde weist zarte Farben auf, ist lachsfarben und bräunlich, Farben, die an Hautfarben erinnern. Felix, ihr Mann, ist vor einiger Zeit am Melanomkrebs erkrankt, hat Operationen hinter sich, die auch Hoffnung erwecken, die Angst um Felix hat die Beziehung Annas zum ihm sehr intensiviert. In der Imagination will sie jetzt nach rechts in Richtung Zukunft gehen, in die Richtung der Lebensbewältigung, der Richtung der ersten Lebenshälfte. Die innere Stimme aber sagt ihr, sie müsse die Richtung nach links einschlagen, die Richtung der Introversion, der Innenschau, der Selbstsuche, die Richtung der zweiten Lebenshälfte. Die Wendung nach links beginnt hier mit einem schwindelerregenden Blick in die Tiefe. Das Meer, zu dem es sie hinzieht, ist eine ganze Ebene „tiefer" als die Ebene, auf der sie jetzt steht: Das Meer ist zugleich das Bild für das Unbewußte. Ihr wird schwindlig, weil sie sich für ihre eigentliche Wesensebene „zu hoch oben" befindet. Doch überwindet sie Angst und Schwindel, indem sie sehr langsam und sorgfältig hinabsteigt. Sie steht schließlich am Strand und sieht nichts als das Meer vor sich – das gewaltige Symbol für die Tiefe der Psyche –, keinen Weg, der weiterführte. So geht sie einfach den Strand entlang weiter und stößt tatsächlich auf eine Höhle, Raum also, der sich nach innen, zur Tiefe hin öffnet. Wieder kommt Angst auf: Doch beim Gang ins Dunkel erweist sich dieses als strahlend beleuchtet von geradezu überirdischem Licht. Der Gang durch die Höhle mündet in einen alten Kreuzgang, dem Ort, wo Nonnen meditierend wandeln, und der zugleich einen kleinen Friedhof umschreibt, ein memento mori, mit den Rosen der Liebe, vielleicht auch einer göttlichen Liebe geschmückt. Hier gedenkt die Imaginierende der Todesgefahr, in der der geliebte Mann schwebte, auch des Gestorbenen im eigenen Leben. Es starb manches, was sie früher für wichtig hielt, über dieser Sorge um die zentrale Beziehung ihres Lebens, die ihr die Zeitlichkeit und Endlichkeit überstark ins Bewußtsein rückte, so daß sie das für sie Wesentliche vom Unwesentlichen unterscheiden lernt und das Unwesentliche fahrenlassen kann. Über diese Meditation gelangt sie in die kleine, geschmückte, südliche Kirche, zugleich ihren Seeleninnenraum.

Greta, die lange als Lehrerin tätig war, inzwischen geschieden ist, lebt mit ihrem Kind jetzt mit einer befreundeten Frau zusammen, die auch ein Kind hat. Wie sie Dörthe Binkert berichtet, gelinge die Wohn- und Lebensgemeinschaft der beiden Frauen gut, besser als die beiderseitigen Ehen zuvor. Greta hat in den letzten Jahren noch eine therapeutische Ausbildung gemacht und hat in der eigenen Analyse auch ihr „inneres Loch", das sie bisher immer nur durch Beziehungen zu stopfen suchte, und dahinter ihr eigentliches Selbst entdeckt. Für sie ist der Übergang in die zweite Lebenshälfte, in der sie sich, wie sie hofft, der Weiterentdeckung dieses Selbst bei sich und bei anderen widmen kann, ein richtiges Fest. So beschreibt sie ihren 40. Geburtstag:

> „Mein 40. Geburtstag war meine eigentliche Geburt. Ich hatte den Wunsch, ein großes Fest zu feiern, mit Musik und vielen Freundinnen und Freunden. Ich hab mich an dem Tag dreimal versprochen und von meiner Hochzeit, statt von meinem Geburtstag gesprochen. Ja, ich war wirklich an diesem 40. Geburtstag eine Braut: Ich hab mich mit mir verheiratet, versöhnt. Ich habe mich noch nie so wohlgefühlt wie an diesem Fest, das ich für mich selber gegeben habe ... Ich habe mir da etwas geschenkt, mir einfach etwas genommen. Und etwas schenken lassen. Daß fast nur Frauen da waren, hat schon gestimmt für diesen Zeitpunkt. Bei der Geburt ist ja für das Kind auch erst mal das Weibliche wichtig und die Männer kommen später."[44]

Diese Frau hat nach einer schweren Krise schon beim Eingang in die zweite Lebenshälfte erfahren, worum es hier im wesentlichen geht: sich mit sich selbst zu versöhnen und zu „verheiraten".

# Die Frau im Wechsel

## *Das Klimakterium*

Irgendwann in den Jahren zwischen 45 und 55 geraten wir Frauen aus dem Rhythmus, der uns bisher getragen, vielleicht auch gequält, doch jedenfalls begleitet hat, seit unsere Menstruation einsetzte, seit wir 12, 13, 14 waren ... Für manche unter uns hat sich dieser Wechsel schon seit den Vierzigern angekündigt, durch Unregelmäßigkeiten des Zyklus, schwächere oder auch stärkere Blutungen als zuvor, für manche sogar durch ein Nachlassen lebenslanger Menstruationsschmerzen. Für andere wieder kommt er plötzlich: Auf einmal setzt die gewohnte und vertraute Monatsblutung aus und kommt nicht wieder – es sei denn durch Hormongaben. So unterschiedlich Frauen untereinander sind, so unterschiedlich sind auch die Reaktionen: Sie reichen von einer gewissen Erleichterung bis hin zu ausgesprochener Bedrückung; von schnoddrig-coolem Darüberweggehen bis zu ernsthafter Trauer. Doch eines stellt sich bei allen ähnlich ein: eine gewisse Irritation, Verwunderung, ja Verblüffung. Was ändert sich da eigentlich? Etwas sehr Vertrautes, Intimes, auf das sich die meisten von uns ein Leben lang verlassen konnten, verabschiedet sich, hört einfach auf. Dieses frische Anspringen des ganzen Organismus jeweils nach den Tagen der Menstruation, das meist mit Aktivität und wachsend guter Stimmung gekoppelt war, diese spürbare Regeneration soll es künftig nicht mehr geben? So fragen sich gerade diejenigen, die mit ihrem Monatszyklus in guter Übereinstimmung waren und nur wenige damit verbundene Beschwerden kannten. Sollte es aber auch die schweren Verstimmungen in den Tagen vor der Periode, die mit der verstärkten Ausschüttung des Gelbkörperhormons zusammenhängen, nicht mehr geben, die

Tage, auf die manche von uns sämtliche Kurzschlußreaktionen und Verzweiflungstaten ihres Lebens datieren können? Tage aber auch, in denen wir den ungewöhnlichsten Mut zur Echtheit hatten, zum Ausdruck unserer Gefühle, auch wenn sie mit uns manchmal durchzugehen drohten? Wollten wir diese Gefühlsausbrüche wirklich auf das Gelbkörperhormon abschieben – oder waren wir mitsamt diesen Hormonen eben doch wir selbst?

Aber sollten mit den Blutungen nun nicht auch jene schrecklichen Krämpfe aufhören, die manche Frauen allmonatlich in der Stärke von Geburtswehen heimsuchten, so schmerzhaft, daß sie sich krümmten und in den Arm bissen, um nicht schreien zu müssen? Vielleicht doch wenigstens dies: daß wir Krämpfe nicht mehr erleben müßten, die sich peinlich auswirkten im Beruf, manchmal sogar während Prüfungen und anderen besonderen Streßsituationen.

Und dennoch berichten viele Frauen von einer tiefen Wehmut, die aufkommt, wenn die Menstruation langsam ausklingt – es kommt etwas auf wie ein Abschiedsschmerz. Es geht ja um mehr als um körperliche Fruchtbarkeit, und schon wenn es „nur" um diese ginge, wäre das nichts Geringes.

Hinzu kommt ein merkwürdiges Alleinsein mit dem Problem, auch wenn es heute kaum eine Frau geben dürfte, die mit dem beginnenden Klimakterium noch so gehemmt umginge wie unsere Großmütter meist, nämlich schweigend und tabuierend, und keine, die nicht eine Grundinformation darüber hätte. Doch Hand aufs Herz, wen, außer der besten Freundin, möchte man fragen, mit wem möchte man wirklich darüber sprechen? Die Mütter meiner Generation – sie sind heute 80 und 90 – fragte man nicht, und sie würden sich womöglich kaum mehr entsinnen. Manches Tabuierte wird ja so sehr verdrängt, daß man es tatsächlich vergißt. Die Mütter der Generation, die heute in die Mittvierziger und Fünfziger kommt, die 65- bis 75jährigen, sind gelegentlich doch bewußter, offener, mutiger und wohl auch von der feministischen Bewegung berührt. Doch Ulrike Sommer, Jahrgang 1944, beklagt in ihrem sehr persönlich geschriebenen kleinen Buch „Wendezeit Wechseljahre"[45], daß es selbst unter Frauen bis heute nur ein geringes Angebot brauchbarer Literatur über die Wechseljahre gäbe, vor allem im Blick auf die psychische Seite des Erlebens, ganz zu schweigen von der auffallend peinlichen Lücke, die noch bis vor wenigen Jahrzehnten bestand. So kann auch Ann Mankowitz[46] nach einer frustrierenden Suche zu dem Ergebnis kommen, daß die Menopause in sämtlichen (von ihr untersuchten) Gesellschaften praktisch ein Nicht-Ereignis war und ist. Es bleibe offen, ob sich nicht in asiatischen und afrikanischen Gesellschaften das Bild etwas anders darstellt. Hier gibt es zumindest eine eigene Kleidung und auch einen eigenen Status der Frau nach der Menopause. Sie wird also wahrgenommen. Als ein Lebenseinschnitt, der auch neue Würde vermittelt.

In den westlichen Gesellschaften jedenfalls, die der Rituale ohnehin ermangeln – in jedem Fall für den Eintritt oder den Abschluß der Menopause –, wird dieses Ereignis wie ein Nicht-Ereignis behandelt, nämlich übergangen. In der Öffentlichkeit ganz gewiß. Dies führt und verführt aber viele Frauen dazu, es auch für sich selbst zu übergehen, ja verbergen zu wollen. Im allgemeinen soll man nicht wissen, daß eine Frau in der Menopause ist. Warum eigentlich?

Es ist eigentümlich, daß den Wechseljahren in unserer Gesellschaft noch immer etwas Peinliches anhaftet, das Verlegenheit erzeugt. Wirken hier die alten Tabus um alles, was mit der Monatsblutung der Frau zusammenhängt, noch nach, wie wir sie aus verschiedenen alten Religionen, auch dem Judentum, kennen, von woher sie ins Christentum hineingewirkt haben und offenbar bis heute nicht ganz überwunden sind? Wo Verlegenheit herrscht, ist es aber zur Lächerlichkeit nicht weit. Ich erinnere mich noch gut, daß ich selbst als junges Mädchen mitlachte, als man mir erzählte, daß es in einer nach dem Krieg begründeten strengen Frauenkommunität zur Zeit deshalb so hysterisch zugehe, weil alle zugehörigen Frauen gleichzeitig in die Wechseljahre gekommen seien.

Das Stichwort, daß Frauen in den Wechseljahren „hysterisch" würden, lag durchaus in der Luft, war ein echtes Vorurteil, das wirkte, auch wenn ich an meiner Mutter und deren Freundinnen keine Spur solcher Hysterie bemerkte, sondern eher wachsende Geduld und Verständnis für sich selber und für uns Kinder, die Kunst, über sich selber zu lachen und damit wachsenden Humor.

Zwischen dem Vorurteil, man müsse hysterisch werden und dem erlebten Beispiel, man könne an Gelassenheit wachsen, lagen also meine Erwartungen gegenüber den Wechseljahren und wohl auch diejenigen vieler anderer meiner Altersgruppe.

Ehe ich Beispiele der facettenreichen Unterschiede gelebter Wechseljahre anführe – ein Drittel der betroffenen Frauen soll nach der Statistik keine körperlichen Beschwerden, ein Drittel nur geringfügige und ein Drittel heftige bekommen –, wie ich sie aus dem Bekanntenkreis, aber auch dem weiten Kreis meiner Patientinnen miterlebe, möchte ich innehalten, um darüber nachzudenken, was es grundsätzlich bedeutet und bewirkt, wenn wir wichtige Lebensübergänge wie das einsetzende Klimakterium ignorieren und übergehen.

Lebensübergänge vollziehen sich immer und überall – wie van Gennep[47] in seiner klassischen Untersuchung herausgearbeitet hat – in drei Stufen, drei Stadien, die aus einem Abschiednehmen vom Bisherigen, einem Durchgangsstadium und einem Ankommen im Neuen, einer Integration des Bisherigen auf neuer Ebene, bestehen. Keines dieser Stadien ist ohne Bewältigung des Vorherigen zu erreichen. Wir können im Neuen nicht ankommen, begreifen seine Chancen und Möglichkeiten nicht, nehmen sie nicht wahr, wenn wir den Abschied vom Alten und den schwierigen, schwangerschaftsähnlichen Zwischenzustand nicht ertragen, den Durchgang nicht vollzogen haben. Es ist tatsächlich ähnlich wie bei einer Schwangerschaft: Erst nach dem vollen Austragen ist die Zeit reif für den Geburtsvorgang. Frühgeburten sind im physischen wie im psychischen Sinne möglich und können mit erhöhter Aufmerksamkeit „durchgebracht" werden, aber sie sind nicht wünschenswert. Auch das Übertragen bringt seine eigenen Probleme und bedarf eines Tages künstlicher Einleitung des Gebärvorgangs, soll das Kind nicht Schaden nehmen. Es kommt also alles darauf an, den rechten Zeitpunkt, den Augenblick, in dem die Zeit „reif" ist, physisch und psychisch wahrzunehmen. Viele Frauen kennen das gut aus ihrer Schwangerschaft. Gilt es nicht auch bei der Wahrnehmung der einsetzenden Wechseljahre? Sollte es nicht auch hier etwas auszutragen und zu gebären geben?

Vielleicht geht es um eine Gestalt des Frauseins, eine gegenüber dem bisherigen Stadium freie, befreite Frau, vielleicht sogar um die „wilde Frau"? Aber auch das relativ freie Mädchen, das unverfälschte Kind, das wir einmal waren oder das zumindest in uns angelegt ist: Es könnte möglicherweise aus den Wehen der Wechseljahre neu geboren werden. Es fällt jedenfalls auf, daß in den Träumen der klimakterischen Frauen sowohl das Kind als auch das jugendliche Mädchen und schließlich die „weise Alte" eine erhebliche Rolle spielen. Hierauf werde ich später noch konkreter und ausführlicher eingehen.

## Leib-seelische Veränderungen

Übergänge kündigen sich im Grunde unübersehbar und beizeiten an: Das beginnende Klimakterium wird oft schon sieben Jahre früher als es im eigentlichen Sinne einsetzt bemerkbar, wir sprechen deshalb auch von einer präklimakterischen Phase, die sich also bei einer Frau, die mit 49. ins Klimakterium käme, schon vom 42. Jahr an bemerkbar machen könnte. Zur gleichen Zeit setzen die psychischen und sozialen Begleiterscheinungen ein, denn wie alle Lebensübergänge stellt das Klimakterium samt seiner prä- und postmenopausalen Phase ein mehrdimensionales bio-psycho-soziales Phänomen dar. In den gleichen Zeitraum fallen gleich mehrere krisenhafte Prozesse, die zum mittleren Erwachsenenalter gehören und das bisherige Lebens- und Identitätsgefühl stark verunsichern: Bei der Frau, die Kinder hatte, ist es die Ablösung und meist auch der Auszug der flügge werdenden jungen Erwachsenen; die veränderte häusliche Situation und die damit anstehende Neudefinition der Partnerschaft (falls vorhanden); hinzu kommt eine Neuorientierung im Beruf.

Der nahende Abschied, der zum Klimakterium gehört, wirft seine Schatten voraus. Wovon gilt es Abschied zu nehmen?

Rein körperlich vom Status der gebärfähigen Frau. Damit ist seelisch eine Menge an weiteren Veränderungen verbunden, ist Abschied zu nehmen von manchem, dessen Verlust überaus schmerzen kann. Setzt bei vielen nicht auch die Angst vor dem Verlust sexueller Attraktivität ein, vielleicht sogar die Angst vor dem Verlust des eigenen sexuellen „Appetits"? Auch wenn diese Ängste vielfach auf Uninformiertheit und einem tradierten Vorurteil beruhen – da z. B. der ansteigende Androgenspiegel bei der Frau ein eher erhöhtes sexuelles Interesse bewirkt[48] –, so gilt es doch zweifellos, daß wir uns zu dieser Zeit von dem Idealbild einer im jugendlichen Sinne „attraktiven Frau" allmählich abzulösen haben. Es stellt sich nun ernsthaft die Frage, wie weit wir unsere Identität und unseren Selbstwert – falls wir dies bisher getan hätten – weiterhin vom Urteil der Männer bzw. einer Gesellschaft, in der ein Kult der Jugendlichkeit gilt, abhängig machen wollen. Für viele jedoch erscheint das damit verbundene Problem zunächst einfach unlösbar: Wer könnte denn so unabhängig sein, lautet ihre angstvolle Frage. Bei etlichen Frauen kommen mit dem Klimakterium Ängste vor dem Alter überhaupt auf. Zwar hängt das Klimakterium im Grunde gar nicht mit dem Alter zusammen, sondern ist ein in sich stimmiger, gesunder Ablösungsvorgang, weder eine Krankheit noch ein Abbauprozeß, doch tritt das Alter mit dem Beginn des Klimakteriums für die meisten unweigerlich ins Blickfeld. Vor der Endlichkeit unseres Lebens, in das wir nun schon weit hineingeschritten sind, können wir die Augen nicht länger verschließen. Damit bekommt der Abschied von der ersten Lebenshälfte und zugleich die Frage nach dem Sinn der zweiten eine besondere Dringlichkeit.

In mancher schwachen und ängstlichen Stunde mag der bevorstehende Abschied von der ersten Lebenshälfte wie ein Abschied vom „eigentlichen Leben" überhaupt erscheinen. Je mehr wir uns mit der gesellschaftlich verschriebenen Rolle der jugendlichen, attraktiven, dazu auch gebärfähigen Frau bzw. mit der Rolle der Geliebten und auch der Mutter identifiziert haben, desto mehr steht für uns auf dem Spiel, wenn sich das Klimakterium ankündigt. Hinzu kommt oft eine wahre Angst vor den damit verbundenen möglichen Beschwerden, die uns persönlich und beruflich einschränken könnten, so daß es uns trotz gegenteilig lautender heutiger Informationen eben doch noch immer wie eine Krankheit vorkommt (frühere Informationen haben solche Ängste allerdings aufs fatalste geschürt).[49]

Es gilt also Abschied zu nehmen von einer ganzen Identität, die bisher unser Leben getragen hat: auch Abschied von der Vorstellung, Leben sei eine immerwährend ansteigende Kurve. Befinden wir uns Mitte Vierzig in gewissem Sinne auf der Höhe des Lebens, zumindest auf einer Hochebene, so kommt zu gleicher Zeit doch unweigerlich auch die Notwendigkeit eines Abstiegs von dieser Höhe in den Blick. Ließ sich in den Vierzigern das Lebensgefühl noch ins Bild einer Waage fassen, bei der die eine Schale bereits gefüllt, die andere noch offen war für vieles Neue, so beginnt in den fünfziger Jahren die eine Waagschale – und es scheint endgültig – zu sinken, zusammen mit dem bereits gelebten Leben, demgegenüber das noch nicht gelebte keine vergleichbare Chance mehr hat. Diese Vorstellung schmerzt, und wir sollten uns Zeit nehmen für uns selbst, ehe wir aufbrechen, um die nötige Trauerarbeit auf uns zu nehmen, um die Notwendigkeit des Abschieds vom Jungsein innerlich akzeptieren zu können. Vielleicht sollten wir, im Bilde gesprochen, auch noch einmal einen Blick auf die Wanderkarte unseres Lebens werfen, ehe wir einfach losstolpern in die Unübersichtlichkeit dieses Übergangs hinein.

## Erschütterte Identität

Haben wir das zu Verabschiedende nicht in den Blick gefaßt, so könnte es uns auf der künftigen Wegstrecke ständig in den Rücken fallen. Denn nun setzt die Irritation unseres bisherigen Selbstverständnisses, unserer Identität, unentrinnbar ein. Von bisher ausgesprochen selbstsicheren Frauen kann man den Satz hören: „Ich kenne mich nicht mehr mit mir aus, ich kann mich weder auf meinen Körper noch auf meine Gefühle mehr richtig verlassen, wie ich es doch bisher immer konnte." Oder: „Mein Körper hat mich noch nie im Stich gelassen, so lange ich mich entsinnen kann. Aber jetzt macht er sich auf einmal selbständig. Wer bin ich denn nun eigentlich?!"

Daß das derart veränderte Körpererleben das Selbsterleben durcheinander bringt, braucht eigentlich nicht zu verwundern. Erlebt man doch auf einmal den Körper als ein sich verselbständigendes Gegenüber. Nun hängt aber unser Erleben von Identität aufs engste mit dem Erleben unseres Körpers zusammen, aus dessen Erfahrung es sich von Kindheit auf entwickelt hat. Was aber geschieht nun mit uns, die wir ja nach wie vor dieser Körper sind, in dieser Phase? Ein kurzer Blick auf die physische Situation möge es verdeutlichen: Die Östrogen- wie auch die Progesteronkonzentration im Blut nimmt ab, die Ovulationen hören allmählich auf, so daß die Frau biologisch unfruchtbar wird und ihre Regelblutungen verebben. Wie lange aber wird dieser Übergang dauern, der bei etwa einem Drittel der betroffenen Frauen eben doch mit typisch körperlichen Beschwerden wie Hitzewallungen, Schweißausbrüchen und Schwindelzuständen verbunden ist? Auch Atemnot, Herzklopfen und Herzrhythmusstörungen können hinzukommen und beunruhigen oft stark. Ein Blutdruckanstieg ist nicht selten, noch häufiger steigt das Körpergewicht, das ein Problem für sich für viele Frauen darstellt. Dies stellt sich sehr anschaulich an einem andernorts schon erwähnten Traum[50] dar, in dem die betreffende Frau von einer Tonfigur träumte, die beleibt war wie nur irgendeine der vorgeschichtlichen Muttergottheiten. Ihrem Erschrecken vor dieser Figur setzt ein Mann sein schöpferisches Anblasen dieser Gestalt entgegen, damit sie lebendig werden kann. Für die Träumerin, eine sehr berufsbezogene und bewußt eher unmütterliche Frau, käme es nun darauf an, eine Einstellung zu dieser Form der Weiblichkeit zu finden, die sie bisher verachtete, die jedoch in früher Zeit hohe Verehrung genoß.

Besonders häufig wird im Klimakterium über Schlafstörungen und Kopfschmerzen geklagt, die vor allem im Beruf ein großes Problem darstellen. Psychologisch betrachtet können all diese Probleme, wie Verena Kast[51] betont, auch als Angstsymptome aufgefaßt werden – Angst z. B. vor dem Unbekannten, vor Verlust an Vitalität, Leistungsfähigkeit und Lebensqualität. Oft wird denn auch das nächtliche Aufwachen mit einer Hitzewallung zugleich wie ein Aufschrecken empfunden, und manchmal erinnert die Betroffene gleichzeitig einen Angsttraum. Daß sich diese Übergangsphase relativ lange hinziehen kann, macht das Ertragen nicht leichter. Zwar gilt die Altersspanne zwischen 45 und 55 etwa als die Regel für die Dauer des Klimakteriums, doch bilden diese Jahre nur einen ungefähren Anhaltspunkt. Auch Sechzigjährige lassen zuweilen einen Seufzer los: Hören diese fliegenden Hitzen denn gar nicht mehr auf!

Nun stellt die körperliche Seite des Klimakteriums jedoch nur die eine Seite des Geschehens dar. Eine allgemeine Spannung mit nervöser Reizbarkeit ist oft mit dieser fundamentalen körperlichen Umstellung verbunden. Dazu kommt manchmal Unausgeglichenheit bis hin zu depressiven Verstimmungen, besonders ärgerlich ist der zugehörige Antriebsmangel. Frauen berichten immer wieder von einer Traurigkeit, die über sie kommt, und von der sie gar nicht zu sagen wissen, woher sie eigentlich rührt. So kommt es zu Angst vor Versagen und Angstzuständen überhaupt, die diese Zeit für die Betroffenen sehr unangenehm machen können. Konzentrationsmangel stellt sich ein, Zerfahrenheit und Wortfindungsstörungen und lassen in mancher Frau die Angst aufspringen, es handle sich gar schon um vorzeitige Alterserscheinungen mit ihrem typischen Gedächtnisschwund. Dies alles sind aber Verkennungen der Situation, denn in all diesen Erscheinungen drückt sich vielmehr eine allgemeine psychische Labilität aus, die natürlich niemanden so heftig irritieren kann wie gerade die bisher starken, leistungsfähigen, verantwortungsbereiten Frauen, die sich selbst nicht wiedererkennen. „Es beleidigt mich direkt in meinem ganzen Bild von mir selbst", sagt eine 52jährige, „daß ich nun doch zu den Frauen gehöre, die solche typischen Beschwerden haben. Ich dachte, das könne mir gar nicht passieren." Da ist z. B. eine Mittelschullehrerin Ende Vierzig, dazu engagierte Mutter von drei fast erwachsenen Söhnen, die bisher nichts anderes von sich kannte als Begeisterung für ihren Beruf, Einfallsreichtum und außerordentliches didaktisch-organisatorisches Geschick, die sich aber nun plötzlich nicht mehr zutraut, eine Klasse durch die Abschlußprüfung zu bringen. Statt dessen klagt sie über übermäßige Erschöpfung, ständige Schlaflosigkeit, Versagungsangst im Unterricht, Vokabeln fielen ihr nicht mehr ein –, und sie fragt mich angstvoll, ob wohl die Zeit gekommen sei, ihren Beruf aufzugeben. Als ich sie frage, ob sie womöglich in die Wechseljahre eingetreten sei, antwortet sie verblüfft: Ja, kann es denn damit zusammenhängen? Ja, kann ich nur antworten, es kann! Schon als wir das aussprechen, blitzt eine Hoffnung in ihren Augen auf, die berechtigte Hoffnung, es möge dies alles „nur" ein Durchgang sein, – und wenig später erzählt sie mir von einer neuen didaktischen Idee für ihren Sprachunterricht, und ihre Augen leuchten wieder. Stimmungslabilität! Es war keineswegs eine dauerhafte depressive Verstimmung oder gar eine sich anbahnende Arbeitsunfähigkeit, die diese passionierte Lehrerin heimsuchte, sondern das Stimmungstief wollte durchgestanden und eine neue Einstellung zu solchen Schwankungen gefunden werden. Die Gewißheit, in die Wechseljahre eingetreten zu sein, genügte dieser klugen und für sich selber verantwortungsbereiten Frau, um ihre momentane berufliche Unsicherheit zu überwinden.

Eine andere erlebt sich in dieser Zeit wieder besonders offen für Gefühlserfahrungen, erschütterbar und faszinierbar wie seit der Adoleszenz nicht mehr. Prompt hat sie auch einen für sie sehr interessanten Mann kennengelernt. Zum Glück habe sie mehr Erfahrung als damals, meint sie, das bewahre sie davor, bei solch einer Begegnung einfach den Kopf zu verlieren. Eine gewisse Panzerung durch eine „dicke Haut", die man im Laufe des Lebens bekommen haben kann, scheint im Klimakterium aufgebrochen zu werden, so daß wir Frauen wieder durchlässig werden, wie ein offenliegender Acker es ist.

Erschütterbar aber sind wir auch in dem unangenehmen Sinne, daß wir uns unserem Körper und dessen unvorhersehbaren klimakterischen Wandlungen oft ausgeliefert fühlen, was sich auf unser gesamtes Lebensgefühl auswirkt. Das Leben selbst scheint uns in dieser Zeit unübersichtlich, unberechenbar, wir sind auf Einbrüche und Überfälle von Unvorhersehbarem gefaßt. Zugleich fühlen wir uns dem ausgeliefert.

An dieser Stelle sollten wir uns aber doch einmal fragen, wie es um die symbolische Aussagekraft der für viele recht ängstigenden klimakterischen Symptome steht. Ohne sie damit idealisieren zu wollen, wie es gelegentlich im Gegenzug gegen die üblichen Abwertungen in der Frauenbewegung geschieht, können wir vielleicht doch zu einem besseren Verständnis der typischen Klimakteriumssymptome gelangen, wenn wir uns ihrer Symbolik bewußt werden. Gibt unser Körper mit ihnen nicht auch bestimmte Zeichen? Was also könnten sie bedeuten? Beginnen wir mit den Hitzewallungen, die wir wohl als das verbreitetste und unvermeidlichste Zeichen beginnender Wechseljahre betrachten können und die die körperliche Umstellung auch am längsten begleiten. Sind sie wirklich nur als Entzugserscheinungen, als „Östrogenentzugssyndrom" zu betrachten, fast so, als wäre unser Organismus zuvor „süchtig" nach Östrogenen gewesen? Wo „Hitze" auftritt, ist dies doch sonst allemal ein Zeichen heftiger Lebensbewegung, zumal sich alle Lebensvorgänge unter Hitzeentwicklung beschleunigen. Hitze samt dem zugehörigen Schwitzen entsteht bei anstrengender, lebhafter Bewegung bei Arbeit und Sport, aber auch wenn Emotionen aufwallen, in Angst und Ärger, aber auch bei großer Freude und in leidenschaftlicher sexueller Erregung. Ein Zeichen gesteigerter Lebendigkeit ist die Erhitzung allemal, keineswegs ist sie ein Krankheitssymptom als solches. Selbst Fieber ist ein Zeichen gesteigerter körpereigener Abwehr gegen eindringende Erreger: „Mit den Hitzewallungen signalisiert der Körper also sehr deutlich gleichzeitig seine Lebendigkeit und seine Veränderungsbereitschaft, er signalisiert also nicht nur die Notwendigkeit der Neuorientierung, sondern gleichzeitig auch die Fähigkeit dazu."[52]

Um dieses Doppelsignal geht es bei näherem Zusehen bei allen Körpersymptomen der Wechseljahre.

Auch unser Herz und sein verstärktes Klopfen bis hin zum Rasen erleben wir sonst bei besonderen Leistungen im Sport und bei großen körperlichen Anstrengungen in Beruf, in Haus- und Gartenarbeit, zugleich bei den starken Gefühlsregungen, die eben, wie wir sagen, „Herzklopfen" erzeugen, bei Erwartung, Angst, aber auch bei übergroßer Freude, bei Verliebtheit und sexueller Erregung. Bange und freudige Erwartung, aber auch Bereitschaft zur Veränderung zeigt also unser in diesen Wandeljahren besonders bewegtes Herz an.

Selbst die vielfach berichteten Schlafstörungen können einerseits mit Erwartungsangst und andererseits mit Veränderungsbereitschaft zu tun haben, sie sind quälend, zweifellos, aber doch auch nur in dem Maße, in dem wir uns von ihnen quälen lassen. Schon der Gedanke daran, daß man von diesem Alter an vielleicht nicht mehr ganz so viel Schlaf brauche wie früher, kann den Ärger über solche „Löcher", die das Durchschlafen unterbrechen, mildern. Auch das gesicherte Wissen, daß sich der Körper im Ernstfall den Schlaf, den er braucht, wieder holen wird, und sei es untertags in einer Pause, mag uns trösten. Weniger quälend werden die Schlafpausen vor allem dann, wenn wir sie zum Nachdenken nutzen –, oft entstehen sie wirklich deshalb, weil wir uns am Tag nicht genug Raum nahmen, über uns selber in dieser veränderten Situation nachzudenken, sie durchzufühlen. Nun hätten wir Zeit zum Lesen, Musikhören, Sternebetrachten und Träumeaufschreiben.

Einige Beschwerden, vor allem auch Befürchtungen, sind

für viele mit der Vorstellung verbunden, daß sich die Schleimhaut an der Scheide allmählich verändere und der sexuelle Verkehr schmerzhaft werde. Dazu ist vor allem zu sagen, daß nicht jede Frau diese Beschwerden erlebt und daß es in jedem Fall Möglichkeiten gibt, mit ihnen umzugehen oder sie zu lindern. Auch hierbei hängt vieles von der guten Durchblutung ab, die wiederum an das Allgemeinbefinden der Frau gekoppelt ist und sowohl von körperlichen wie auch von seelischen Faktoren abhängt. Deshalb gilt hier nichts anderes als bei allen sonstigen Zeichen der Wechseljahre: Der Körper gibt Signale, damit wir uns seiner bewußter werden, uns seiner auch bewußter annehmen. Wie auch die Mundschleimhaut jetzt regelmäßigerer Pflege und auch Belastung bedarf, um gesund zu bleiben – kleine Entzündungen und Zahnfleischbluten fallen ebenfalls oft in diese Jahre –, so auch die Vaginalschleimhaut. Jede Anregung, vor allem aber jede lustvolle Erregung sorgt für gute Durchblutung.

Mögliche Veränderungen, eine größere Zartheit, die durch den Östrogenrückgang entstehen kann, verweisen uns darauf, von nun an um so sorgsamer mit uns selber umzugehen, auch offener gegenüber dem Partner, indem wir ihm unsere wirklichen Empfindungen mitteilen, auch mögliche Schmerzen. Die Symptome des Klimakteriums als Symbole zu verstehen, wird uns also weniger dazu veranlassen, uns in Behandlung zu begeben als vielmehr dazu, bewußter und selbständiger als zuvor zu handeln und uns selber nachzuspüren und so den für uns selber stimmigen Weg herauszufinden. Die Symptome der Wechseljahre sind Signale der Umstellung, und auch die gelegentlichen Beschwerden sind kein Schicksal, sondern lassen sich mildern und können sogar abklingen, wenn wir ihnen einen Sinn abgewinnen. Ist mit dem Klimakterium eine Aufwertung der betreffenden Frau verbunden, indem ihr künftig besondere Reife und Lebenserfahrung zugesprochen wird, wie dies in verschiedenen Stammesreligionen der Fall ist – bei bestimmten Beduinenstämmen trägt die Frau von der Menopause an zum Zeichen ihrer neuen Würde eine besondere Tracht –, so gibt es, wie Untersuchungen beweisen, erheblich weniger Grund, die Wechseljahre mit Beschwerden zu verbinden, und so wird auch erheblich weniger von Wechseljahresbeschwerden berichtet. Auch Umfragen bei Frauen verschiedener Bevölkerungsgruppen, beispielsweise in Indien, aber auch in den westlich geprägten Ländern wie Israel und den Südstaaten der USA, zeigten ein anderes Bild: Die Frauen scheinen von wesentlich weniger Beschwerden heimgesucht zu sein als bei uns in Europa.

Es hängt nun viel davon ab, ob wir von unserer Kindheit an ein Urvertrauen ins Leben erfahren konnten, da unsere Bezugspersonen überwiegend zuverlässig waren, oder ob wir schon aus jener frühen Zeit eine Tendenz, uns verunsichern zu lassen, mitbringen. Was könnte es denn nun eigentlich heißen, „drüben", am neuen Ufer anzukommen, das in den Wechseljahren Erlebte zu integrieren und eine neue Identität zu gewinnen? Die Identität der „gereiften" Frau, die ins spätere Erwachsenenalter hinüberschreiten kann, das wir heute etwa vom 55. Jahr an ansetzen? Die Schwierigkeit dieses neuen Selbstverständnisses drückt sich schon darin aus, daß wir für die Frau in diesem Alter keine eigene Bezeichnung haben, während wir doch wissen, daß wir vor der Menstruationsphase eben „das Mädchen" gewesen sind und während der Zeit der Menstruation eben „die Frau". Und nun? Eine Alte ist sie noch nicht, die Frau in den Wechseljahren, eine Greisin schon gar nicht. Aus dem Italienischen, in dem die Mütterlichkeit der Frau nicht nur im biologischen, sondern auch im psychologischen Sinn höher geschätzt zu sein scheint als bei uns, ist die Bezeichnung „Matrone" für die ältere Frau gebräuchlich und bei uns eingewandert; doch hat diese Bezeichnung bei uns sofort wieder einen abwertenden Beigeschmack gewonnen, den wir sehr wohl wahrnehmen, wenn wir von einer „matronenhaften" Frau sprechen. Typisch spiegelt sich darin die gesellschaftliche Geringschätzung dieses Alters wider. So bleibt die Frau in der Menopause also „die ältere Frau" und bleibt damit gewissermaßen doch im Zwischenstadium von der jungen zur alten hängen. Gibt es denn für sie wirklich keine eigene Identität?

## Der 50. Geburtstag

Was hat sie gewonnen in dem Durchgang durch die Wechseljahre, wovon hat sie sich verabschiedet, was charakterisiert sie nun?

Beim 50. Geburtstag einer guten Bekannten wurde ein amüsantes Gedicht vorgetragen, in dem bei der Frage, was man ihr schenken könne, ein Refrain immer wieder vorgebracht wurde, welcher lautete: „Das hat sie schon; das braucht sie nicht; das kriegt sie nicht; das ist zu teuer ...!" Dieser 50. Geburtstag wurde übrigens in eindrucksvoller Weise gefeiert, so wie viele Frauen, die bis dahin ihre Geburtstage vernachlässigt haben, ab fünfzig zu feiern beginnen: Köstlicherweise war der Ort dieser Feier eine Jugendherberge, die der betreffenden Frau schon während ihrer jungen Jahre und anschließend ihren Kindern eine Menge bedeutet hatte und mit der sich abenteuerliche, schöne Erfahrungen und Erinnerungen verbanden. Sie hatte einem jeden der Gäste einen Stein und eine Feder mitgebracht, Symbol für das Leichte und für das Schwere in dieser Umbruchs-Zeit. Ihr Mann schenkte ihr schmunzelnd einen Werkzeugkasten, damit sie sich in dem selbst erworbenen Ferienhaus, das sie auch zu einem Domizil für sich alleine und ihre Liebhabereien auszugestalten dachte, nicht mehr auf seine Hilfe angewiesen fühle, sondern alles, aber auch alles selbständig erledigen könne.

Um nun aber den Refrain jenes Gedichts auf unsere Lebensphase des Klimakteriums überhaupt anwenden zu können, fragen wir uns: Was also hat sie schon, die Frau in und nach den Wechseljahren? Was braucht sie also nicht? Und was könnte dasjenige sein, was sie nicht – oder: nicht mehr – kriegt; weil es einfach zu „teuer" ist?

## Was hat sie schon?

Was sie hat, ist ein großes Stück gelebtes Leben, das, wie immer es war, ihr keiner mehr nehmen kann. Sie hat eine gewisse Vertrautheit mit dem Leben, Lebenserfahrung. Sie hat, wenn man es mit Shaw sagen darf, eine „gewisse Anhänglichkeit gewonnen an diese grüne Erde". Und dabei geht es nicht nur um die Erfahrung von Inhalten des gelebten Lebens – Beziehungen, Freundschaften, Beruf, Spiritualität –, sondern auch um Erfahrung seiner Modalitäten und eines „Know how" in der Lebensbewältigung. Darin ist die gewandelte Frau dieser Jahre jeder jüngeren überlegen. Sie hat Überblick gewonnen, Durchblick. In einem amerikanischen Lied aus der Frauenbewegung wird die Frau dieses Alters besungen: Wise woman, tell me, what you know of life (Weise Frau, sag mir, was du vom Leben erfahren hast). Sie ist darüber hinaus – nicht zuletzt durch das Klimakterium – schmerzerfahren, verzichterfahren und damit auch wandlungserfahren. Gleichzeitig mit dem Klimakterium haben ja viele der Mütter ihre erwachsenen Kinder ins Leben hinaus entlassen, haben sich mit einer hierdurch veränderten Partnerschaft auseinandergesetzt, haben berufliche Veränderung oder Neueinstieg in die Wege geleitet. Die Frau dieser Jahre kennt ihr Durchhaltevermögen, aber auch die Grenzen ihrer Kraft. Sie weiß, daß sich vieles im Leben nicht festhalten läßt, losgelassen werden muß – auch in bezug auf Vitalität, Attraktivität, Fruchtbarkeit –, so hat sie eine Prise vom Sterben gekostet, sofern es dabei um ein Abschiednehmen, aber auch um ein Auferstehen in ein neues Leben hinein geht, um Wandlungsfähigkeit. Sie hat grundsätzlich gelernt, daß es Wandlung gibt: denn sie bleibt ja lebendig und findet sich plötzlich wieder, als Verarmte vielleicht auf manchen Gebieten, aber auch als Bereicherte, Befreite, die neue Potentiale zu entdecken hat. Die Frau nach dem Klimakterium hat noch eine große Strecke Lebens vor sich, meist noch gute zehn Jahre Berufszeit, und in den freien Berufen sowie in gesellschaftlichem und politischem Engagement noch viel länger. Sie kann durchaus gesund sein nach dem Klimakterium, eine große Spannkraft gewinnen; der erhöhte Spiegel an Androgenen gibt ihr eine erhöhte Aktivität, auch psychisch wird ihre männliche Seite aktiver bis in die Sexualität hinein. Die gewandelte Frau tendiert zur Initiative und zur Autonomie, Autonomie auch in ihren Beziehungen, so daß sie z. B. trotz gesteigerten sexuellen Appetits auf solche Formen sexueller Tätigkeit und wohl auch einmal auf einen solchen Partner verzichtet, der sich auf ihre eigentlichen Bedürfnisse nicht einstellen und einlassen kann. Was mag „das Leben" meinen mit der Entlastung der Frau von Menstruation und biologischer Fruchtbarkeit nach kaum zwei Dritteln ihrer Lebenszeit? Kann es um etwas anderes gehen als um eine Freistellung für ein gutes Stück eigenen Lebens? Die älteren Kinder sind aus dem Hause, Nachwuchs ist weder zu erwarten noch zu befürchten. Das Elternpaar rückt wieder näher zusammen, wird wieder mehr zum Partnerpaar. Verhütung spielt keine Rolle mehr. Erotik und Sexualität können freiere Spielformen gewinnen als zuvor, zumal die Hingabefähigkeit als Frau mit dem Grad der Verwurzelung im Eigensein wächst. Die Verschmelzung mit einem anderen Menschen zieht uns nicht mehr von uns selber weg, führt nicht mehr so leicht wie früher zur Abhängigkeit, sondern mündet, wie wir vielleicht erst jetzt erfahren, zuverlässig in ein Wiederankommen bei sich selbst ein wie bei einer Regeneration. Die Freistellung für ein eigenes Leben: Sie bewirkt eine neue Selbständigkeit, eine Fähigkeit zur Abgrenzung auch vom Partner. Der eigene Impuls wird wachsend gewagt, der eigene Akzent gesetzt, der eigene Wert erkannt und verteidigt. Häufig kommt es zum Wiedereinstieg in den Beruf oder gar in eine neue Berufswahl samt zugehöriger Ausbildung. Das alles also „hat sie schon", die Frau im Klimakterium, und das ist nicht gerade wenig!

## Was braucht sie nicht?

Und was ist das, was sie nicht mehr braucht? Partner ja, sagten die Frauen dieses Alters, aber nicht mehr um jeden Preis. Mit der endgültigen, nochmaligen Ablösung vom Vater werden Frauen allergisch gegen Bevormundung auch väterlicher Männer, auch gegen paternalistisches Verhalten väterlicher Vorgesetzter im Beruf. Es widersteht der Frau dieses Alters zutiefst, noch länger in manchen beruflichen Positionen vor allem die „Alibifrau" zu sein, die nur dazu dient, frauenfeindlich-männliches Verhalten zu decken und frauenfremde Verhältnisse zu stabilisieren. Auch eine erneute Ablösung von der Mutter steht auf dieser Altersstufe an, in der viele selbst schon Großmutter werden. Die Starrheit mancher Erziehungsmuster, die uns prägten, die bisher immer noch nicht ganz durchschaubar waren, wird erst in den Stürmen der Wechseljahre überdeutlich sichtbar. Hier sind sie wirklich nicht mehr tauglich, sondern die alten Normen sind überfällig, abgetan zu werden. Es geschieht auch, daß manche Frau nun erstmals gegen eine nörglerische Erziehung durch die Mutter aufbegehrt und merkt, wie diese in ihr ein Leben lang ein überkritisches Verhältnis zu sich selbst – ein herbes Über-Ich – bewirkt hat, dem gegenüber nun ein neues Selbstwertgefühl aufgebaut wird. Jetzt merken viele Frauen, daß sie selber in ihrer Eigenart auch etwas wert sind. Sie beginnen, sich selber Mutter zu werden, eine Mutter, die sie sich vielleicht vergeblich gewünscht haben – ebenso wie sie sich selber Vater werden können. Hinzu kommt, daß die alternden Eltern oft ein zartes Mitgefühl auslösen, in ihrer wachsenden Hilfsbedürftigkeit oft Rührung – so daß manche Tochter, die doch eine recht herbe Mutter gehabt hat, nun das Bedürfnis in sich selber spürt, wenigstens jetzt von sich her noch eine Tochter-Mutter-Beziehung aufzubauen, die diesen Namen verdient und in der neue Normen und Regeln gelten. So sorgt eine mir gut bekannte Frau voll Aufmerksamkeit für ihre von wachsender Demenz gezeichnete Mutter. Wohlmeinendes Mitleid der Freunde, die ihr sagen, es gehe wohl nicht mehr so lange mit der Mutter, weist sie ab: „Ich finde es doch gerade gut, daß ich ihr noch eine Weile Tochter sein kann, auf eine Art, in der ich mir immer eine Mutter-Tochter-Beziehung vorgestellt habe."

Was die gewandelte, die gereifte Frau – wenn denn ihre Wandlung eine Reifung war – ebenso nicht mehr braucht, nicht mehr brauchen kann, sind Schmeicheleien und narzißtische Gratifikationen einer gewissen Art, von der Jüngere durchaus noch abhängig sind. So sprach eine Mittfünfzigerin ungeduldig von „gönnerhaften Belobigungen", als ein Jüngerer ihr auszudrücken versuchte, wie gut sie doch sei in ihrem Beruf. Sie wußte selbst, wann sie gut war, sie brauchte keine Benotungen mehr. Sie wußte auch, wann sie nicht so gut, wann sie nicht so ganz „auf der Höhe ihrer Tiefe" war. Und auch dazu konnte sie jetzt stehen, mußte es nicht vertuschen. Sie fand dies aber auch nicht mehr so schlimm. Wenn sie dennoch kritisiert wurde, konnte sie zustimmend nicken: „Nicht wahr?", sagte sie, wenn man ihr etwas Berechtigtes vorwarf.

Für andere bringt dieses Alter die Freiheit, ein ehrliches Lob ungeniert mit offener Freude anzunehmen: „Danke! Jetzt freut es mich noch mehr, daß ich heute gut war." Je nachdem, wie wir erzogen worden sind und welche Muster bisher galten, fühlen sich unsere neuen Freiheiten anders an. Dies aber ist die Chance dieses Alters, daß es wirklich neue Freiheiten zu gewinnen gilt. Dieses Alter bedeutet andererseits die absolute Krise für den frühkindlich erworbenen Narzißmus, falls wir ihn bis hierher mitgeschleppt hätten. Narzißmus in dieser Form ist nun wirklich das, was die gewandelte Frau nicht mehr braucht, nicht mehr brauchen kann. Diesen Begriff Narzißmus muß ich vielleicht etwas erläutern. Narzißmus in seiner ursprünglichen, ungestörten Form bedeutet einfach „Selbstliebe", Libido für sich selbst. Sie ist natürlich im Klimakterium wichtiger denn je. Der in der frühen Kindheit gestörte Narzißmus ist demgegenüber das Phänomen, daß ein Mensch in seiner Selbstliebe und seinem Selbstwertgefühl nie sicher geworden ist und nie sicher werden konnte, sondern sehr irritierbar geblieben ist, weil z. B. eine frühe Bezugsperson ihm damals nicht genügend gerecht werden konnte, ihn in seinem Sosein nicht bejaht hat. So bleibt ein tiefer Selbstzweifel, der oft ein Leben lang durch übergroßes Bedürfnis nach Bestätigung durch die Bezugspersonen wettgemacht und kompensiert wird. Diese übergroße Selbstbestätigung, die man vielleicht in jüngeren Jahren noch für besondere Leistungen, für sehr gutes Aussehen und großen Charme bekommen kann, bekommt man in diesem Jahren nicht mehr und immer weniger. Die gute Leistung wird aufgrund unserer Berufserfahrung vorausgesetzt, das gute Aussehen wird einem allenfalls unter Zuführung des Wörtchens „noch" zugestanden, z. B.: „Für dein Alter siehst du noch glänzend aus, du bist noch sehr fit." Den Charme allerdings können wir uns erhalten. Dies gelingt aber gewiß nur dann, wenn es uns grundsätzlich glückt, das übermäßige Bedürfnis nach Selbstbestätigung zu überwinden, indem wir in wachsendem Maße uns selber zu bestätigenden Müttern und Vätern werden, wobei uns vertraute Partner und Freundinnen, allenfalls auch eine Therapeutin unterstützen mögen. Es gilt, sich erneut und vielleicht doch endgültig mit den Elternfiguren und deren Erziehungs- und Beurteilungsstilen auseinanderzusetzen, indem wir unsere eigene Einstellung zu uns selbst immer deutlicher entwickeln und von der ihren zu unterscheiden lernen. Die neue Begegnung mit den alternden, meist selber nun hilfsbedürftigen Eltern kann diesen Unterscheidungsprozeß sogar fördern.

## Was kriegt sie nicht, was ist zu teuer?

Ist es sinnvoll, auch diese Frage hier zu stellen? Und wer wäre hier die Beschenkende, die ihr auch etwas versagt, wäre dies etwa wieder „das Leben selbst"? Was sie „nicht kriegt", nicht mehr erfüllt bekommt, das sind gewiß die Größenideen, die sie vielleicht von Jugend an mitgeschleppt hat, die Idee, etwas ganz Besonderes zu werden. So ist manch eine unter uns eine gute Architektin, eine gute Lehrerin, eine gute Orchester-Musikerin geworden – aber eben kein Star. Es gilt nun endgültig, sich in seinen Grenzen einzurichten und sich gut zu sein in dem, was wir bis dahin geworden sind, was wir immerhin erreicht haben. Über die neuen Chancen, etwas gut Fundiertes in diesem Alter noch auszubauen, werden wir noch nachdenken; auch über die reichen Möglichkeiten, eine latente Begabung noch ins Leben hereinzuholen.

Was wir grundsätzlich nicht bekommen können, weil es „zu teuer" ist, das ist die ewige Jugend und die Unsterblichkeit. Uralt ist zwar der Traum, eben dies zu bekommen, und die Bilder vom Jungbrunnen, die wir in der Kunstgeschichte kennen, sprechen hier eine lebendige Sprache. Es gibt zwar heute in der Tat sehr teure Möglichkeiten, durch Kuren und Schönheitschirurgie das Alter etwas aufzuhalten, bei schwerer Erkrankung durch Organspenden das Leben zu verlängern, es gibt sogar die Chance, sich durch Einpflanzen eines befruchteten Eies noch das Austragen eines Kindes in höherem Alter zu ermöglichen – oder vielleicht auch durch späte Adoption noch an Mutterfreuden teilzuhaben: Doch all dies verzögert letztlich nur das Unaufhaltsame, bringt eigene Probleme mit sich – wie als ältere Frau z. B. einem Baby rund um die Uhr gerecht werden –, und es verzögert vor allem die entscheidende Chance, die Freiheiten dieses neuen Alters nun auch wahrzunehmen. Wird diese Freiheit nicht erst dann zur Freiheit, wenn es uns gelingt, auch den Tod in unser Denken und Handeln einzubeziehen? Im Grunde „zu teuer" wird jetzt auch das Festhalten an alten Strategien, was etliche natürlich nicht hindert, dies doch zu versuchen: Eine Frau, die sich schon immer nur über das definiert hat, was sie anderen zu geben, was sie zu leisten imstande war, mag das tun, sie wird jedoch früher oder später an die Grenze dieser permanenten Selbstüberforderung und auch Mißachtung des Eigenen stoßen. Wer als Frau schon immer sein Aussehen und Erscheinungsbild als das Entscheidende ansah, wird sich nunmehr noch kostspieligeren Tinkturen, Cremes, Haarkünstlern und Schönheitschirurgen verschreiben müssen als schon bisher. Wer vom Mutter- oder Vaterkomplex her die kollektiven Strukturen und Normen für zwingend hielt, wird im Grunde die Abwertung dieses Alters, die in unserer Gesellschaft herrscht, selber teilen müssen bzw. wird neue Normen aufstellen, wie nun unbedingt so und nicht anders die Wechseljahre zu begehen und zu bestehen seien, z. B. die für uns alle heute mögliche Hormonsubstitution unkritisch verherrlichen oder auch verteufeln. Gewiß ist es auch heute noch und gerade heute wieder möglich, die Wechseljahre ohne alle hormonellen Zusatzgaben zu durchleben, wie viele selbstbewußte Frauen bestätigen, die sich von Ärzten nicht dreinreden lassen, die aber meist auch über eine günstige Konstitution verfügen und keine besonderen Beschwerden kennen. Wer diese Beschwerden aber hat – und möglicherweise noch eine Tendenz zur Osteoporose –, braucht heute, nach Beratung mit einer Frauenärztin, die inzwischen fein auszusteuernden Hormongaben nicht abzulehnen. Die neue Freiheit wäre, als einzelne Frau zu entscheiden, was mir selber liegt und bekommt, was mich überzeugt. Ein weiteres Mal würde sonst die neue Chance der Unabhängigkeit, die dieses Alter verspricht, verspielt. Dabei spricht alles dafür, diese Chance durch ehrliche Trauerarbeit hindurch nun endlich wahrzunehmen: „Die Trauer über das Nichtgelebte im Leben wird dann abgewehrt, wenn man sich in die jugendliche Position begibt und sich vormacht, alles wäre noch zu realisieren."[53] (Kast, 126)

## Und was bekommt die gewandelte Frau nun wirklich?

Auf ein Bild gebracht, ist es das Geheimnis der Selbstbewußten, der ihres Selbst bewußt gewordenen Frau, das sie bekommt. Das möchte das Leben ihr in diesem Alter schenken. Vielleicht gehört dazu der wiedergefundene Zugang zu dem freien, inneren Mädchen, das sie einmal war, selbstbewußt und kompetent in ihrer Weise, ehe sie sich dem Rollendruck und dem Wunschbild unterwarf, die mit der Erziehung zur „richtigen Frau" in den früheren Generationen üblich waren. Da kam es, wir erinnern uns gut, vor allem darauf an, einen männlichen Partner zu finden, der uns Anerkennung gab, so kam es vielfach zu der von der Zustimmung eines Mannes abgeleiteten Identität der Frauen, einer gleichsam „verschriebenen Identität"[54], die natürlich zusammenbricht, wenn die Frau beginnt, nach eigenem Konzept zu leben. Unter dem Urteil der Männer, sie sei, indem sie dies wagt, keine „richtige Frau" mehr, stürzt sie sich entweder in Verzweiflung, paßt sich wieder an – oder sie entschließt sich um so energischer, zum wiederentdeckten authentischen Selbst zu stehen. Nach langen Jahren der Fremdbestimmung ist es möglich, das eigentliche Ich, das freie innere Mädchen wieder freizulegen, wie Emily Hancock[55] bei ihrer Untersuchung überdurchschnittlich selbstbewußter Frauen darlegt. Erinnern wir uns an dieser Stelle doch einmal ganz bewußt an das freie Mädchen, das wir einmal waren, an dessen Wagemut und Unbekümmertheit! Hoffentlich konnten wir wenigstens als Kinder so sein! Das durchlaufene Klimakterium bietet die Chance, nachdem die alte Identität sich aufgelöst hat, eine neue mehr authentische zu finden, die vielleicht an die frühere des relativ unabhängigen Mädchens anknüpfen kann. Hier bietet auch das unter Frauen umstrittene Jungsche Animus-Konzept eine echte Hilfe dazu an, den Mann, das Männliche, das bisher weitgehend im Außen, im Partner, im männlichen Gegenüber erlebt wurde, zugleich als eine innere Komponente zu erkennen und damit die an den Mann delegierten Kräfte als eigene zurückzugewinnen. Besser als in früheren Lebensphasen kann es nun gelingen, die Männer und die Männerbilder, die im bisherigen Leben faszinierten, auf das hin zu befragen, was sie mit der eigenen Psyche zu tun haben, was sie in ihr erwecken und bisher schon erschließen konnten. Unter diesem Gesichtspunkt wird es möglich, auch langjährige und vielleicht verkorkste Partnerschaften besser zu durchschauen, zu verstehen und damit zu entflechten, um sie entweder neu zu beleben oder auch zu beenden. Unter dieser Perspektive ist es denkbar, auch von einem Menschen wieder loszukommen, mit dem man sich vielleicht auf eher unglückselige Weise verstrickt hat. Es gilt, das herauszufinden, was er uns darstellen sollte, was wir bei ihm zu finden glaubten und was wir doch vielleicht nur auf ihn projizierten, weil wir uns die eigene, dementsprechende Seite nicht zutrauten und sie deshalb auf ihn delegieren mußten. Dann kommt es darauf an, die Projektion zurückzunehmen und diese bisher von ihm verkörperte Seite, womöglich eine recht abenteuerliche, fortan ins eigene Leben einzubringen und es selbst zu leben. Auch nach dem Verlust eines geliebten Partners durch den Tod ist es unumgänglich, sich aus dem bisherigen „Beziehungsselbst“[56], das man zusammen mit ihm bildete, wieder herauszulösen, wie man die eine übriggebliebene Hälfte aus einem eng verwebten Teppich ablösen und die nun lose heraushängenden, zerschnittenen Fäden so sorgsam vernähen kann und muß, daß das Teilstück wieder alleine existieren kann, ohne sich aufzulösen. Das Beziehungsselbst, das Wir, das wir beide miteinander waren, gilt es zurückzuorganisieren auf das Selbst der einen, die zurückgeblieben ist. Diese schwierige Aufgabe kann nur gelingen, wenn wir das, was der Partner aus uns herausgeholt, herausgelockt, ja herausgeliebt hat, nun wahrnehmen als etwas, das uns zu eigen geworden ist und das uns keiner mehr nehmen kann, auch der Tod nicht, und wenn wir ferner sogar das, was wir nur durch ihn und mit ihm glaubten leben zu können, befragen, ob es nicht auch Lebensmöglichkeiten von uns selbst seien, die wir, auf ihn gespiegelt, nur deutlicher spürten, die aber vielleicht letztlich auch aus der Delegation zurückgeholt werden können.

So begann die verwitwete Frau eines zeichnerisch begabten Mannes nach dessen Tod selber zu zeichnen, was sie sich nie zuvor zugetraut hatte; eine andere organisierte einen Segeltörn in Westafrika, was zuvor alleinige Aufgabe ihres jetzt verstorbenen Mannes gewesen war. Einer dritten gelingt es nach der durchlebten Trauerzeit, sogar etwas von der Gelassenheit und Gemütsruhe ihres Mannes nun selber zu übernehmen. Eine vierte begann für sich Astrologie zu studieren, die zuvor ausschließlich Sache ihres Mannes gewesen war, und auf die sie sogar etwas kritisch herabgeschaut hatte. Auch wenn uns der Partner oder die Partnerin – hoffentlich – in dieser Zeit und für lange noch erhalten blieben, gälte es innerhalb der bestehenden Beziehung ähnliche Ablösungen zu vollziehen und allfällige Projektionen zurückzunehmen, damit beide Partner mehr zu ihrem Eigenen kommen und die Beziehung lebendig bleiben kann. Das gleiche gilt natürlich auch für die Freundschaft oder Partnerschaft unter Frauen, die jetzt für viele wieder wichtiger wird als zuvor.

Es ist eine Hauptaufgabe der Selbstwerdung, die Projektionen und Delegationen eigener Wesensanteile aus allen möglichen Lebensbereichen und von allen möglichen privaten und beruflichen Bezugspersonen zurückzuholen und sie sich selber wieder anzueignen. Zuletzt auch aus den brachliegenden, unbewußten und verschatteten Bereichen der eigenen Person das ungelebte Leben zurückzugewinnen. Was der Individuationsprozeß ein Leben lang von uns erwartet und auch ermöglicht, erscheint bei der durch das Klimakterium gewandelten Frau nur in besonders klarem Licht.

Hier schimmern nun all die Potentiale auf, die ein schöpferischer Animus – der faszinierende Fremde z. B. als Traumbild und Archetyp – zu wecken vermag. Da träumen Frauen von Musikern und Tänzern, aber auch von politischen Befreiungskämpfern. Sie träumen aber ebenso häufig und intensiv von ihrer „Anima", ihrem weiblichen Seelenbild[57], einer Malerin, einer Zauberin, einer großen Seelenführerin. Kreative Impulse, wie sie in diesen Träumen stecken, tendieren zur Verwirklichung. Ob eine Mutter von drei Kindern, die aus dem Nest gehen, nun noch Tanzpädagogik studiert oder Frauen ihren alten Lehrberuf mit neuem Elan wieder aufgreifen oder ob eine fundierte Berufslaufbahn nun noch eine Krönung bekommt durch eine besondere Berufung oder eine öffentliche Aufgabe, immer sind es typische Wege der Selbstverwirklichung, die in diesem Alter endlich gewagt werden. Vergessen wir auch nicht, daß die bedeutenden Frauen in Kultur, Politik, Psychotherapie nahezu alle in diesem Lebensalter sind bzw. waren, als sie sich einen Namen machten: ob ich an die Bildungspolitikerin Hildegard Hamm-Brücher, die Journalistin und Gründerin der Wochenzeitung „Die Zeit", Marion Gräfin Dönhoff, die Psychotherapeutin Margarete Mitscherlich denke oder an die Grande Dame der ökumenischen und feministischen Theologie Marga Bührig, die ihrem in diesem Alter geschriebenen Buch den Titel gab: „Spät habe ich gelernt, gerne Frau zu sein." Das bahnbrechende Büchlein der prominenten Theologin Elisabeth Moltmann-Wendel, „Ein eigener Mensch werden", wurde in diesem Alter geschrieben, in dem sie couragiert gegen frauenabwertende Traditionen der

Kirche aufbegehrt und dabei Thesen vertritt wie diese: Ich bin schön; ich bin gut etc. Neben einem wachsenden Verantwortungsbewußtsein für öffentliche Belange, demgemäß sich relativ viele Frauen dieses Alters politisch betätigen, auch umwelt- oder sozialpolitisch – sogar in den islamischen Ländern soll das so sein –, findet sich jenseits des Klimakteriums gleichsam ein wachsendes Verantwortungsbewußtsein für die Innenwelt, ein verstärktes psychologisches und auch spirituelles Interesse. Auch wenn es manchen der Jüngeren gelegentlich ein ironisches Lächeln abnötigt, wenn psychologische oder spirituelle Veranstaltungen mehrheitlich von „Damen um die Fünfzig" besucht werden, so deutet es doch auch auf eine besondere Stärke dieser Altersgruppe hin: sich der Introspektion und Intuition, der inneren Welt und der Frage nach dem größeren Ganzen, der Transzendenz, zu stellen. Da kann das Interesse an Astrologie erwachen, an alternativen Heilweisen, an spiritueller Kultur wie Feng Shui oder dem Zen des Blumensteckens und Teetrinkens.

Ich habe mich ein wenig umgehört unter Menschen dieser Jahrgänge. Wie haben sie z. B. ihr 50. Jahr erlebt? Eine Sonderschullehrerin schreibt mir: „Ich hatte in diesem Jahr kein Bedürfnis nach einer Reise nach außen; es war ein Jahr mancher Reisen nach innen. Der Bau eines Monochords gehörte dazu. Im fünfzigsten Jahr habe ich den Zugang zu der für mich wichtigsten Erfahrung des Fastens finden können – erst ein Versuch alleine, dann in einer Gruppe. Schon eine ganze Weile vorher hatte ich mir diese Erfahrung gewünscht, aber ich mußte warten, bis die Zeit dafür reif wurde – es brauchte das brach- und ruhend liegende Land, das die Kräfte zum neuen Wachsen von ganz tief innen holt."

In einem anderen Brief schreibt sie mir, nachdem sie einen Baum gemalt hatte, der seine Wurzeln tief in die Erde vorangetrieben hatte: „Als ich in den letzten Tagen manchmal versuchte, mich selbst als Boden zu fühlen, erlebte ich das immer tiefere Hineingeraten nicht mehr als übertrieben, eher als ein Ahnen um Kräfte in der Tiefe, die bisher nicht erreicht werden konnten, also als berechtigtes Sehnen und Sich-Ausstrecken danach. An diese Kräfte kann ich nur herankommen, in diese Tiefe kann ich nur gehen, wenn nicht zugleich das bisher Erwartete, von mir und anderen als Ertrag erwartete, sichtbar sein muß. Für diesen Weg in die Tiefe bedarf es eines ruhenden Bodens. Die Wurzelaugen an meinem Baum wollen ein Wachsein für die Kräfte in der Tiefe ausdrücken.

Der Boden braucht die lange Ruhe, weil die Verwandlungsprozesse, die im Boden geschehen, ein Umsetzen, ein neues Zusammenwirken der Kräfte ... der Zeit bedürfen, sonst können sie einfach nicht geschehen. Diese Zeiten der Umwandlung im Boden, von außen nicht sichtbar, in ihrer Auswirkung noch nicht sichtbar, können nach außen hin unter Umständen ein Bild eines unfruchtbaren Bodens abgeben, als wüchse nichts Neues mehr. Zur Unterbrechung des Ausgelaugtwerdens ist eine Ermutigung nötig, sich ein Sabbatjahr zu erlauben. Ich als Boden erlebe mich durchlässig, damit auch verletzlich, manchmal auch ausgeliefert: Aber diese Durchlässigkeit ist unumgänglich, damit sich Verwandlungen vollziehen können."

Sehr konkret hat sich diese Frau, von der ich eben berichtet habe, in das hineinversetzt, was es heißen kann: sich selbst in seiner leiblich-seelischen Existenz, als Boden, als Erde zu erleben, sich selbst eine Zeitlang brachliegen und ruhen zu lassen, Sabbat zu halten – damit sich die Natur in uns erneuern kann. Für sie fiel dieses tiefe Bedürfnis, ein Sabbatjahr zu feiern, mit ihrem fünfzigsten Jahr zusammen. In diesem Jahr der Einkehr bei sich selbst erneuerte sich zu ihrer eigenen Überraschung ihr Leben so sehr, gewann so viel Ausstrahlung und Anziehungskraft auch für andere, daß sie für die Feier ihres fünfzigsten Geburtstages auf die Idee kam, nur solche Menschen dazu einzuladen, die sie während ihres inneren Sabbatjahres neu kennengelernt hatte.

Neben dem Archetyp des „faszinierenden Fremden" spielen weiblich-archetypische Figuren eine große Rolle in den Träumen und Phantasien der durchs Klimakterium gewandelten Frau. Da ist das göttliche Kind, das göttliche Mädchen und die Gestalt der älteren Frau in der Figur der großen Mutter und als Hexe, Magierin bzw. weise Frau.

Manche dieser alten Frauengestalten, die in Träumen auftauchen, weisen noch auf den Mutterkomplex zurück, verweisen damit die betreffende Frau auf eine anstehende erneute Auseinandersetzung mit der Mutter in deren damaligem Alter, an das sie sich gut erinnert, sie nun selber ist, andere auf tieferliegende Kräfte in jeder Frau, die zur Bewußtwerdung drängen. Zur Hexe als der gefährlich-mächtigen Frau gehören auch ihre Begleittiere, Nachttiere wie Eule und Katze, gelegentlich auch Füchse und Wölfe. Der Wolfstraum einer 56jährigen, einer von vielen, wird in diesem Zusammenhang zu berichten sein. Konstelliert ist auch der Archetyp der „wilden Frau" (Éstes), zu der auch Artemis, die unabhängige, göttliche Jägerin gehört, zugleich Schützerin und Hüterin der Tiere. Instinktsicherheit gehört dazu, wenn eine Frau jenseits der Fünfzig die „wilde Frau" in sich entdeckt und wagt. Die „Kinder", die als Traumfiguren gerade in den Träumen der Frauen jenseits des Klimakteriums auftauchen, besonders als Neugeborene, bedeuten eher selten eine Rückerinnerung an eigene Kinder oder an das Kind, das man selber einmal gewesen ist (obgleich diese Perspektiven immer mit zu bedenken sind): In diesem Alter weisen sie vielmehr auf die Neugeburt hin, die die gewandelte Frau an sich selber, in sich selber nach dem Klimakterium erfahren kann. Sie hat sich quasi selber neu geboren. Öfter treten die alte Weise und das Kind auch miteinander in Erscheinung, haben sie doch wohl auch eine innere Entsprechung, befruchten einander – und stellen das intrapsychische Modell für die Großmutter-Enkelin-Beziehung dar, die sich in diesem Alter auch im äußeren Leben einstellt, nicht nur auf der physischen Ebene und nicht nur bei leiblichen Enkeln und Enkelinnen. Sie stellt sich auch auf seelisch-geistiger Ebene ein, wenn etwa eine Lehrerin im Alter von Mitte Fünfzig die Schulanfangsklasse unterrichtet, was oft zu einer besonders innigen Beziehung führt. Die Erst- und Zweitkläßler entwickeln eine vertrauensvolle Großmutter-Übertragung der Lehrerin gegenüber, wie sie bei den jüngeren Kindern auch gegenüber der Kindergärtnerin oder der Kindertherapeutin zu beobachten ist: Eine Antwort auf die warme, undogmatische Zärtlichkeit, die Pädagoginnen und Therapeutinnen dieses Alters den Kleinen entgegenbringen können. Auch von frei gewählten Großmutter-Enkel-Beziehungen könnte ich berichten, da ich sie selbst miterlebt habe, in Nachbarschaften, aber auch über Länder- und Rassengrenzen hinweg. Dies alles macht natürlich weniger Spaß, wenn sich eine Mittfünfzigerin dessen schämt und es in der Öffentlichkeit, vor allem auch vor Männern, verleugnet, daß sie „schon" Großmutter geworden ist. Letztlich geht es bei dem allen darum, ein Verhältnis zu dem zu finden, was unter Psychologen „Generativität" genannt wird, zu der Fähigkeit und der Chance, sich an die nächste und die übernächste Generation zu vermitteln – darin eben eine Chance gegen die Vergänglichkeit unserer Einzelexistenz zu erkennen, die im mittleren Erwachsenenalter nun einmal in Sicht kommt. Es wäre kurzsichtig und unkreativ, im Neid auf die Jüngeren, denen die Zukunft gehört, steckenzubleiben. Es ist vielmehr selbst schon eine Chance, daß es diese Jüngeren überhaupt gibt, als Menschen, die Ideen, Einrichtungen und Aufgaben, die uns selber wichtig waren, fortführen können und die allenfalls einige Ideen von uns selber weiterspinnen mögen, wenn auch gewiß in ihrem eigenen Sinn. So vermag sich Neid in Dankbarkeit zu verwandeln.

Unvergessen sind für mich die zugewandten, angeregten und dankbaren Reaktionen einer der prägnanten alten Damen der ersten Psychotherapeutinnengeneration, wenn sie die Bücher jüngerer Kolleginnen mit weiterführenden Gedanken in die Hände bekam. Generativität zu entwickeln ist eine der besonderen Chancen der gewandelten Frau nach dem Klimakterium.

## Ein Ritual für die Menopause

Zum Abschluß eines so tiefgehenden Ereignisses, wie es das Klimakterium im Leben der Frau darstellt – und das doch, wie wir uns verdeutlichten, weitgehend als Nicht-Ereignis ohne klaren Anfang und Schluß betrachtet wird –, fehlt in der heutigen Gesellschaft ein Ritual, das die Beendigung der Durchgangsphase und das Ankommen im Neuen dokumentieren bzw. gemeinsam unter Frauen und damit unter Zeugen vollziehen könnte. Für die gute Integration und die glückliche Bewältigung des klimakterischen Prozesses hängt andererseits viel davon ab, ob er auch an ein wahrnehmbares Ende, ein Ziel gelangt, bei dem er bewußt abgeschlossen werden kann. In die Menopause zu kommen, bedeutet ja nicht nur, daß eine Pause im Menstruationszyklus eintritt – ein leichter, verschleiernder Euphemismus liegt in dem Ausdruck „Pause" –, sondern es ist *die* Pause eingetreten, die nicht mehr wie eine Konzertpause etwa nach einiger Zeit wieder aufgehoben werden kann. Es geht also darum, Abschied vom Zyklus zu nehmen, für sich selbst, aber vielleicht doch auch in einem Kreis von Frauen?

So versucht Rosemary Radford Ruether[58], die bekannte amerikanische Vertreterin einer Befreiungs-Theologie, in aller gebotenen Behutsamkeit, mit Takt, aber auch mit Mut, neue Rituale für die Lebensübergänge von Frauen zu entwickeln. Sie schlägt ein Ritual für die Menopause vor, das ich im folgenden beschreibe:

Die beteiligten Frauen, jüngere und ältere, die miteinander das Ritual begehen wollen, versammeln sich im Kreis. Eine jede von ihnen bekommt eine der Kerzen, die in zwei verschiedenen, aber komplementären Farben vorhanden sind: in Violett für die jüngeren Frauen, die noch menstruieren, noch in der monatlichen Transformation stehen. Violett ist eine Farbe der Transformation, die das vitale Rot des Blutes, aber auch des Schmerzes, in sich enthält; in Gelb sind die Kerzen für die älteren Frauen, die nicht mehr menstruieren und die, wie zu Gelb assoziiert werden kann, bereits potentiell im Licht der Erkenntnis, ja, der Spiritualität und der Weisheit stehen. Im fernen Osten ist Gelb die Farbe der Erleuchtung, was sich in den gelben bzw. orangefarbenen Gewändern der buddhistischen Nonnen und Mönche ausdrückt.

Wenn jede der Frauen eine ihrer Lebensphase entsprechende Kerze in den Händen hält, werden die Kerzen angezündet, und jede der Frauen verweilt in stiller Nachdenklichkeit und Meditation, während einige Gedanken zum Anlaß der Feier vorgetragen oder verlesen werden, etwa ein Text in der Fassung von Rosemary Radford Ruether, der ins Bewußtsein ruft, daß die weibliche Energie des Erschaffens und Gebärens umfassender ist als der Modus physischen Gebärens, daß sie auch vielfältige Aspekte kulturellen und sozialen Erschaffens und Gebärens in sich trägt, die jetzt nach der Menopause in den Vordergrund treten können:

„In der Frau kreist die große Energie des Erschaffens und Gebärens. Diese Urkraft äußert sich in vielen Formen: sie ist die Kraft, die das Ei entstehen und die das befruchtete Ei im Uterus zu einem neuen menschlichen Leben heranreifen läßt. Sie ist (aber auch) das kreative Potential, das Dichtung, Musik und bildende Kunst hervorbringt. Sie ist das schöpferische Denken, das die Realität reflektiert, die Welt im Geist widerspiegelt, den rationalen Diskurs hervorbringt und uns befähigt, andere in die Geheimnisse einzuweihen, die in der Welt um uns wirken.

Sie ist die soziale Phantasie, die uns fähig macht, unsere persönliche Umwelt zu formen, Gemeinschaften und Zusammenschlüsse von Menschen zu gestalten, gemeinsame Aufgaben zu erfüllen und als Freunde zusammenzuleben. Sie ist die schöpferische Kraft der Hände, die Lehm zu Ton, Pflanzenfasern und Wolle von Tieren bearbeitet und nützliche und schöne Dinge schafft. Alle diese Formen sind Teile unserer schöpferischen Mutterenergie.

Heute nimmt eine von uns Abschied von einer Form der schöpferischen Energie, von der Fähigkeit, neues menschliches Leben zu gebären. Jetzt, da sie auf eine Form der gebärenden Kraft verzichtet, wendet sie sich mit größerer Aufmerksamkeit den anderen Formen zu: der Energie, die Kunst, Handwerk und Wissen hervorbringt, und Gemeinschaften von Menschen schafft, die zusammen arbeiten und leben."

Wir halten einen Augenblick inne und trauern um die eine Form der gebärenden Kraft, die sich nun zurückzieht und nicht mehr ist (alle drehen an dieser Stelle des Textes im Ritual ihre Kerzen um, so daß ein Tropfen Wachs herunterfällt – ein Tropfen Lebensenergie, ein Tropfen Trauerernegie, eine Träne – und halten anschließend die Kerzen wieder aufrecht). Der Text fährt fort mit der Aufforderung und Aufmunterung an alle:

> „Wir freuen uns mit unserer Schwester, die sich nun mit voller Kraft den anderen schöpferischen Energien zuwendet, die ihr innewohnen."

Nun löscht die Frau, für die dieses Feier-Ritual gestaltet wird, ihre violette Kerze zum Zeichen dafür, daß sie in die Menopause eingetreten ist, und erhält an deren Stelle die gelbe Kerze. Die anderen Frauen, die sich, wie sie, bereits in der Menopause befinden, wenden sich ihr zu, etwa mit den Worten:

„Sei willkommen in der Gemeinschaft der Frauen, die keinen Eisprung mehr haben und nicht mehr bluten und die nun die schöpferische Kraft ihrer Seelen und ihres Geistes leben."

Die Frau, für die das Ritual gestaltet wird und die im Zentrum des Geschehens steht, hat nun Gelegenheit, darüber zu reflektieren, was der Übergang auf diese neue Stufe für sie selbst, für ihr Leben bedeutet. Wenn sie möchte, kann sie sich nun auch äußern über ihre Lebensphase als menstruierende und möglicherweise auch biologisch fruchtbare Frau, die Kinder geboren und aufgezogen hat; vor allem aber über ihre Möglichkeit, sozial und kulturell fruchtbar zu werden und etwas zu schaffen und aufzuziehen, das sie jetzt vor sich sieht.

Der Abschluß des Rituals bildet eine Trinkrunde mit heilendem, stärkendem Tee, der neben anderen schmackhaften Kräutern auch Haselnußblätter enthält, die sowohl auf die menstruellen wie auch auf die postmenstruellen Prozesse eine wohltuende Wirkung ausüben sollen. Ehe sie trinken, können die Frauen einen segnenden Trinkspruch über dem Tee sprechen, vielleicht mit diesen Worten:

„Dies ist der heilende Tee, den unsere Mütter und deren

Mütter vor ihnen tranken, um die Schmerzen des monatlichen Zyklus zu lindern. Dieser heilende Tee verbindet uns alle, Frauen die menstruieren und Frauen, die nicht mehr menstruieren; wir sind eine Gemeinschaft von Schöpferinnen, Gebärerinnen und Erhalterinnen des Lebens in seinen vielen Formen."

Das Gefäß wird herumgereicht, und alle trinken daraus. Es ist die Frage, wer sich an solch einem Ritual beteiligen kann. Es gehört großes Vertrauen zueinander und viel Feingefühl dazu, da es sich nach wie vor in unserer Gesellschaft nicht „schickt", über die Menopause zu sprechen oder gar ihrer in einem gemeinsamen Ritual zu gedenken. Es haben sich jedoch in vielen Orten Gruppen von Gleichgesinnten oder auch miteinander befreundeten Frauen gebildet, zu denen sich auch die leiblichen Schwestern der betreffenden Frau, für die gefeiert wird, gesellen können. Es geht darum, das bestandene Klimakterium zu feiern; die Bezeichnung Klimakterium kommt übrigens von Klimax, Leiter, und bezeichnet in der Rhetorik den Höhepunkt, von dem aus man von weniger Wichtigem zu dem Wichtigsten kommt.

An dieser Stelle darf nicht unerwähnt bleiben, welch hohen Stellenwert für viele Frauen dieses Alters der Kontakt mit anderen Frauen, gleichaltrigen, aber auch älteren und jüngeren bekommt. Über den Kontakt mit guten Freundinnen, ja mit der „besten Freundin"[59] hinaus, den die meisten Frauen ihr ganzes Leben lang in Gestalt einer wichtigen Beziehungskultur der Verläßlichkeit, Zärtlichkeit, Solidarität und Spiritualität unterhalten, tritt jetzt bei vielen auch das Interesse an Frauengruppen, die miteinander zentrale Themen weiblicher Identität wie auch den Identitätswandel während der Wechseljahre behandeln. Die gegenseitige schwesterliche Spiegelung des Erlebens ist in der Zeit um die Wechseljahre mindestens wieder so wichtig wie in den Jahren der Pubertät und der Adoleszenz, in denen sich die Mädchen und jungen Frauen ebenfalls zu Peer-Groups zusammenfinden, um sich im pubertären Umbruch ihrer Identität aneinander zu spiegeln und neu zu orientieren. Auch in diesen frühen Jahren steht wie in den späteren der Wechseljahre die Frauenfreundschaft besonders hoch im Kurs. Auch gleichgeschlechtliche sexuelle Begegnungen und Beziehungen, bei denen die gegenseitige Spiegelung und Neuorientierung bis ins Körperliche hinein erprobt wird, sind in der frühen Umbruchsphase der Adoleszenz wie in der späten Umbruchsphase der Wechseljahre für viele von Bedeutung. Wichtig werden darüber hinaus, wie gesagt, die Frauengruppen, die über die persönliche Identitätssuche hinaus auch die Vergewisserung über die gemeinsamen Wurzeln weiblicher Geschichte und Kultur bedenken und oft auch in Fest und Feier wiederbeleben.[60]

# Die gewandelte Frau

## *Aspekte des späteren Erwachsenenalters*

Beim Übertritt über das 55. Jahr etwa treten wir in das sogenannte „spätere Erwachsenenalter" ein, das sich über die Sechziger-Schwelle bis in die Mittsiebziger hinein erstreckt. Es umfaßt für die meisten berufstätigen Frauen, die an die gesetzlich geregelte Pensionierungsgrenze gebunden sind, noch gute sieben oder auch zehn Berufsjahre, in denen sich – normale Beschäftigungs- und Wirtschaftlage vorausgesetzt – noch vieles von dem realisieren läßt, was uns in der Phase des Klimakteriums als wichtige Lebensziele, in denen wir unvertretbar sind, zu Bewußtsein gekommen ist.

Wenn es uns vergönnt ist, gesund zu bleiben, entwickeln wir Frauen zu Beginn des späteren Erwachsenenalters wieder eine relativ hohe Leistungsfähigkeit, die auf Ausgeglichenheit und Spannkraft beruht. Im Vergleich zu Jüngeren haben wir in manchen Bereichen den längeren Atem, die größere Ausdauer, die zuverlässigere Stabilität. Worauf es jetzt ankommt, nachdem uns der physisch vorgegebene Zyklus und Rhythmus der Menstruation nicht mehr begleitet, wäre, einen eigenen frei gestalteten Rhythmus wieder zu finden, der unsere physischen und unsere psychischen Gegebenheiten gleichermaßen berücksichtigt, unsere persönlichen Schwingungskurven kennt und einbezieht. Manche Frau entdeckt erst jetzt ihre „innere Uhr", spürt ihre Biorhythmen, vielleicht sogar den Einfluß des Mondes auf ihre inneren Gezeiten.

In der gleichen Phase reift Berufserfahrung aus, wir bekommen u. U. noch wichtige Verantwortungen und Organisationsaufträge übertragen, erreichen den Gipfel unserer persönlichen Möglichkeit. Wir spüren aber gerade dann, daß sich vieles von dem, was wir früher alles alleine und selbst gemacht haben, delegieren läßt und tun es auch. Für manche Frauen ergibt sich die Chance, ihre Berufs- und Lebenserfahrung in Supervision, Beratung, Fortbildungsveranstaltungen oder auch in schriftlicher Form, einem Buch z. B., niederzulegen und weiterzureichen. Es tut in diesem Alter gut, sich nicht nur an Eintagsveranstaltungen und immer neu wechselnden Menschengruppen zu beteiligen, sondern kontinuierliche Fortbildungskurse aufzubauen, zur Multiplikatorin zu werden, und in die Tiefe gehen zu können. Für andere läßt das Interesse am Beruf zu dem Zeitpunkt nach, von dem an keine Chancen auf weitere Kompetenz- und Positionserweiterungen mehr zu erwarten sind. Eine dritte Gruppe sind die Wieder- oder gar Neueinsteigerinnen in einen Beruf, den sie während der Phase der heranwachsenden Kinder oder auch aus anderen Gründen verlassen haben. Dieses Wiedereinsteigen ist heute für Frauen nicht leicht, nicht einmal in den Lehrberuf, der sich doch für eine Unterbrechung durch die Erziehung eigener Kinder zum späteren Einstieg anzubieten scheint. Soziale Jobs wie Alten- und Kinderbetreuung dagegen haben Konjunktur. Unter den Neueinsteigerinnen sind solche, die aufgrund ihrer neugewonnenen Identität nach den Wechseljahren auch mit früher erlernten Berufen nicht mehr zufrieden sind, es sind etliche unter ihnen, die sogar noch anspruchsvollere Aus- und Weiterbildungen auf sich nehmen, um sich den jetzt gemäßen Berufswunsch erfüllen zu können, z. B. Eheberaterin oder Psychotherapeutin zu werden, auch die schwierig-schöne Aufgabe, Sterbende zu begleiten, spricht heute nicht wenige an. Manche Frauen wechseln aus kaufmännischen oder technischen Berufen in künstlerisch-kreative, soziale oder therapeutische Sparten über, sie wollen sich mit ihrer Lebenserfahrung auch als Personen stärker einbringen können und haben kein Genüge mehr daran, nur Funktionen zu erfüllen und mit Spezialkenntnissen aufzuwarten. Innerhalb ihrer Betriebe findet man sie, wenn sie bleiben, nun manchmal als Verantwortliche für das Personalwesen oder für die Public Relations wieder, womöglich auch als Organisationsberaterinnen. Für die große Zahl derer, die eine nicht besonders beliebte Berufsarbeit ausführten, mehr einen Brotberuf, ist das Ende dieser eingespannten und vielfach auch fremdbestimmten Zeit zugleich auch eine große Erleichterung, zumal bei dem Tempo heutiger technischer Entwicklungen ein ständiger Fortbildungs- und Kompetenzerweiterungsdruck herrscht, der Älteren allmählich zur Last wird.

Wenn gesund, entwickelt die Frau im späteren Erwachsenenalter wieder eine relativ hohe Belastungsfähigkeit. Dies zeigt sich an den prominenten Politikerinnen, Juristinnen, Journalistinnen und Ärztinnen, die vielfach mitten in der Öffentlichkeit stehen. Im Unterschied zum mittleren Erwachsenenalter, das viel mit der Adoleszenz gemeinsam hat, ist das spätere Erwachsenenalter normalerweise wieder eine Phase relativ ruhiger Aufarbeitung, innerhalb derer es natürlich Krisenpunkte gibt.

## Der sechzigste Geburtstag

Für viele ist der 60. Geburtstag ein solcher Höhepunkt und Krisenpunkt zugleich. Er wird auch von den Frauen, die bisher das Geburtstagefeiern gar nicht so wichtig nahmen, auf einmal ernst genommen und oft zum großen Fest gestaltet, in dem „Ernte" und „Rückschau" gehalten wird. Für die Wissende sei das Alter „Kelter" und „Ernte", so Grimm.

Die Gestaltung eines 60. Geburtstages, den ich selbst miterlebte, möchte ich hier schildern.

Nach einer Polonaise, den humorvollen Darbietungen eines sogenannten Jugendchors aus alten Freundinnen, die die Schlager ihrer Jugend der 50er Jahre sangen, wurde die astrologische Geburtskonstellation als lebendes Bild dargeboten. Die Planeten und ihre Beziehungen zueinander wurden von einigen Freunden und Freundinnen personifiziert dargestellt, und die sogenannte Sterndeuterin bezog die Geburtskonstellation auf das inzwischen ja schon sichtbar gelebte und das noch zu lebende Leben der Geburtstagsfrau.

Um Mitternacht schließlich, Höhepunkt jenes dreitägigen Festes, das ein ganzes Wochenende umfaßte, wurde ein Übergangsritual mit tiefem Ernst vollzogen. Die große Runde von gegen hundert Gästen formierte sich zu einer Begleitprozession, an deren Spitze die Geburtstagsfrau über die Schwelle zu ihrem 60. Lebensjahr von den nächsten Freundinnen und Freunden geführt wurde, wie eine Initiantin mit verbundenen Augen. Denn wie die künftigen Schritte zu finden und wie der Übergang in das Neuland jenseits der 60 zu finden sei, das konnte sie nicht im voraus wissen. Das konnte sie nur ertasten. Im Schweigen aller und unter leisem, rhythmischem Trommeln wurde dieser Übergang vollzogen, ein Spiralweg zur Mitte durchschritten. Anschließend, als alles vollzogen, die Binde gelöst und der Blick wieder offen war, löste sich auch die ganze Prozession in einem ausgelassenen Tanz auf. Jemand setzte sich spontan an den Flügel, andere ergriffen Flöten und Streichinstrumente, Schellen und Trommeln, und der tiefe Ernst des Übergangs, des Loslassens von Altem, wich einem Fest des neuen Lebens. Es ist sehr schön, diese Übergänge von einem Netzwerk von Freundinnen und Freunden getragen zu sehen, die ja dann auch mitgehen. Da ist ja auch ein Bekenntnis von ihnen allen, die mitfeiern: „Ich gehe weiter mit."

Höhepunkt kann der 60. Geburtstag sein, weil vieles, was die eigene Lebenslandschaft ausgemacht hat, sich nun im Überblick zeigt: das tragende Netz der Freundinnen und Freunde, der Kolleginnen und Kollegen, falls eine Frau im Beruf stand, sodann die Familie. Falls eine Frau Familienmutter war, so kann sie mit ihren erwachsenen Kindern und oft schon mit den Enkelkindern feiern, eine neue, meist sehr innige Erfahrung, die aber unübersehbar zugleich das eigene fortgeschrittene Alter in den Blick rückt. So ist an einem 60. Geburtstag auch die Berufsleistung, falls eine Frau sich hier verwirklichen konnte, einerseits Anlaß zu erfülltem Rückblick, andererseits zur wehmütigen Vorwegnahme des baldigen Abschieds vom Berufsleben.

Was werde ich sein, wenn ich, zumindest beruflich,

„nichts" mehr bin? – So fragen sich zahlreiche Frauen beim Überschreiten des 60. Jahres. Nach meiner Beobachtung pflegt sich zwar die Zeit nach der Pensionierung für die meisten Frauen viel lebendiger und wohltuender zu gestalten als sie zunächst für möglich halten, ist meist auch mit einer unübersehbaren gesundheitlichen Regeneration verknüpft, doch läßt sich das nicht vorwegnehmen, und in der vorausschauenden „Besorgnisarbeit" macht sich bei der Gewißheit, den Arbeitsplatz spätestens mit 65, meist mit 62, zu verlieren, doch häufig Beklemmung breit. Was auf einen zukommt ab Sechzig, ist die Entlassung aus der beruflichen Arbeit, wobei die „Entlassung" aus der Familienarbeit, soweit sie das Aufziehen der Kinder betraf, schon vorausgegangen ist. Werden wir immer weniger „gebraucht", wir Frauen ab 60? Dies ist die bange Frage vieler. Und wie verkraftet das unser Selbstwertgefühl, was wird aus unserer soeben erst nach dem Klimakterium neu begründeten Identität? Es ist die Frage, wie weit wir uns in unserem bisherigen Leben mit dem „Gebrauchtwerden" identifizierten. Daran mißt sich jetzt die Schwierigkeit, auf gewisse Formen des Gebrauchtwerdens in der Tat verzichten zu sollen.

Eine Gymnasiallehrerin, im 66. Jahr stehend, vermißt ihre Schüler und Schülerinnen wie auch den Kollegenkreis nach der Pensionierung sehr: „Es war so viel Anregung da, auch so viel menschliches Miteinander", sagt sie, „es ist auch, bei Licht besehen viel an Echo auf meine Arbeit zurückgekommen, auch wenn ich das im Schulalltag nicht immer so sah." Was sie vor allem vermißt, ist die Strukturierung des Tages: „Jetzt habe ich Zeit, aber die Zeit verrinnt mir oft, ohne daß ich etwas Rechtes mit ihr – und mit mir – anzufangen wüßte." Sie braucht eine neue Aufgabe.

Glücklich dagegen über die neue Freiheit ist eine ehemalige Krankenschwester, der die letzten Berufsjahre, auch wegen der damit verbundenen körperlichen Belastung, sehr schwer wurden. Sie findet es herrlich, die Zeit wieder selbst einteilen zu können, sie, die Kinderfreundin, hat eine Puppenwerkstatt eingerichtet, gestaltet liebenswerte Puppen ...

## Die jungen Alten

Ab 60 gehören wir zu den „Jungen Alten", ein Begriff, der sich in den letzten Jahrzehnten eingebürgert hat und den Eva Jaeggi in ihrem Buch „Viel zu jung um alt zu sein"[61] treffend sich selbst charakterisieren läßt, indem sie etliche der ihr Gleichaltrigen in ausführlichen Interviews zu bestimmten Fragen zu Wort kommen läßt. Ich gebe im folgenden einige der typischsten Aussprüche, vor allem der Frauen, wieder. Das Alter wird zwar von den einzelnen Frauen unweigerlich wahrgenommen, aber bei sich selber meistens noch immer heruntergespielt. Bei der Frage z. B., ob es auch heute noch so etwas wie „Weisheit" gebe, zeigt sich, daß kein Mensch, keine Frau „weise" sein wollte. Warum aber nicht und selbst diejenigen unter den jungen Alten nicht, die durchaus ein wenig weise auf die Interviewerin wirkten? Weil, so kombinierte Eva Jaeggi schließlich, die Vorstellung einer gewissen Weisheit sich heute so selbstverständlich mit Alter zu assoziieren scheint, daß die Frauen lieber nicht weise sein wollten, wenn Weisheit doch nur alt mache.

Der Kult der Jugendlichkeit, der unsere Gesellschaft kennzeichnet, wird also leider – in Identifikation mit dem Angreifer – teils bewußt, teils unbewußt, gerade auch von den jungen Alten unter den Frauen übernommen. Dazu trage seitens der Männer eine „gnadenlose Aufkündigung der Solidarität"[62] mit den gleichaltrigen Frauen bei, zumindest was den erotisch-sexuellen Aspekt betrifft. Dies gelte natürlich nicht durchweg, meint Eva Jaeggi, bei den miteinander alt gewordenen Eheleuten sei z. B. je nach Struktur der Ehe entweder eine vertiefte Solidarität und Freundschaft zu vermerken, die sexuelle Höhepunkte nicht ausschließe, vor allem aber auch eine sensible ganzkörperliche Zärtlichkeit, oder aber es sei bei einer bloßen Solidarität in der Alltagsbewältigung geblieben, während das sexuelle Interesse aneinander erloschen ist. Oft wird dies hingenommen, führt aber doch zu Seitensprüngen mit jüngeren Partnerinnen und Partnern. Nicht selten kommt es unter dieser Konstellation zur Scheidung, auch und gerade in diesem späten Alter – andererseits wird von vielen Paaren dankbar vermerkt, daß es schön sei, noch immer zusammenzugehören, und gut, miteinander alt werden zu können. Auch neue Partnertschaften sind in diesem Alter – trotz Eva Jaeggis deprimierender Beobachtung – nicht auszuschließen. Ich kann dies aus Erfahrungen unter meinen Freundinnen und auch Patientinnen bestätigen.

Eine geschiedene Frau begegnet z. B. in diesen Jahren einem verwitweten Mann: Die beiden lernen sich kennen und lieben, teilen die Reisen, die sie gerne miteinander machen, teilen viele Interessen und leben eine Erotik, die sie beide erfüllt. Beide bringen große Beziehungserfahrungen in diese neue Begegnung ein, dazu ein neu erwachendes erotisch-sexuelles Interesse. Die Beziehung dauert in großer Intensität bis zum Tod des Mannes ein Jahrzehnt später an. Beide haben jedoch aus Überzeugung auf eine gemeinsame Wohnung und auf eine rechtliche Bindung verzichtet.

Eine unverheiratete Frau, Mittelschullehrerin, die den Heiratswunsch noch immer in sich trägt, lernt in ihren späten Fünfzigern einen Mann näher kennen, der ihr durch die gemeinsamen Interessen und Kursbesuche eine interessante und zuverlässige Partnerschaft zu versprechen scheint. Auch er ist an einer festen Beziehung interessiert, sie heiraten. Bald darauf muß sie sich zugeben, daß er sie erotisch enttäuscht, daß er auch keinen Sinn für ihre eigenständige Lebensweise aufbringt, die sie in all den Jahren des selbständigen Lebens entwickelt hat. Ihre kleinen Ersparnisse gehen in dem Projekt eines gemeinsamen Hauses auf, so daß sie, die ohnehin sparsam Lebende, nun weniger eigenes Geld zur Verfügung hat als je zuvor in ihrem Leben. Zudem muß sie, um mit ihm gemeinsam einen Hausstand zu eröffnen, in eine andere Stadt umziehen, gut tausend Kilometer von dem bisherigen Wohnort entfernt, in dem sie doch bisher ihre Schule, an der sie unterrichtet, einen verzweigten Freundeskreis und dazu etliche Klienten und Gruppen hatte, die sie mit viel Engagement betreut. Kurz gesagt: Die mögliche Geborgenheit in einer Ehe, die sie suchte, erweist sich auf Dauer als nicht mehr genügend attraktiv, um den Verzicht auf Selbständigkeit, auf freie Verfügbarkeit der eigenen finanziellen Mitteln, vor allem aber auf ihre Unterrichts- und Beratungstätigkeit und einen in Jahrzehnten gewachsenen Freundeskreis aufzuwiegen. Übers Jahr reicht sie die Scheidung ein, und die beiden trennen sich friedlich-schiedlich als Menschen, die wissen, daß sie auch alleine leben können. Dies erscheint mir charakteristisch für Menschen im späteren Erwachsenenalter: Die Erfüllung eines Jugendtraums, der Heirat, wiegt nicht mehr so schwer, auch wenn eine bestimmte Ehevorstellung bis hierher mitgeschleppt worden wäre, daß dafür die in vielen Jahrzehnten erworbene Selbständigkeit und Autonomie geopfert würden.

Andererseits hat ein mir bekanntes Paar in diesen späten Jahren zusammengefunden, indem beide aus langjährigen, aber „abgelebten" Ehen, wie sie sagen, mit zahlreichen Kindern, alle inzwischen erwachsen, ausgestiegen sind. Sie zogen miteinander in eine neue, vom bisherigen Lebensort weit entfernte Stadt, gehen ihren Interessen und, auch nach der Pensionierung, selbstgewählten, freien Tätigkeiten, die ein wenig Geld einbringen, nach. Sie verbingen, soweit ich dies von außen ermessen kann, ein recht vergnügtes Alter miteinander.

Auch Eva Jaeggi zeigt uns ein Paar, sie 61 und noch als Sozialpädagogin tätig, er 60, ebenfalls noch fest im Beruf als technischer Angestellter stehend: Sie haben sich am Ende ihrer Fünfzigerjahre kennengelernt und heftig ineinander verliebt. Trotz alter Ehebindungen wagen sie den Versuch, miteinander ein neues Leben zu beginnen und planen ein gemeinsames Alter.

## Die Wiederkehr der Freundschaft

Ganz besonders wichtig scheinen in diesem Alter die Freundschaftsbeziehungen zu werden, nicht nur – aber gerade auch – nach dem Verlust eines langjährigen Beziehungs- oder Ehepartners durch Trennung oder Tod. „Ich weiß gar nicht, was ich gemacht hätte, wenn die Freunde nicht gewesen wären", so sagt eine 68jährige, die einen guten Freundeskreis von Paaren um sich hat, der sich nach dem Tod ihres Mannes besonders bewährte. Sie unternahmen, wie schon zu Lebzeiten ihres Mannes, viel Schönes und Anregendes miteinander, von mehrtägigen Wanderungen, die ihr im ersten Trauerjahr besonders gut taten, bis hin zu den Besuchen kultureller Veranstaltungen, Konzerten und Vernissagen. Hinzu kamen viele gegenseitige Einladungen mit ganz persönlichen Gesprächen, in die die Erinnerungen an den Verstorbenen und die Trauer unbefangen einfließen konnten und durften. Auch den Sternenhimmel miteinander zu betrachten, mit seinen „ewigen Bahnen", dazu auch den erstaunlichen Kometen, der monatelang am Himmel sichtbar war, tat der betreffenden Frau, einer studierten Physikerin, wohl und vermittelte ihr Trost.

Vielfach wird berichtet und ich weiß es auch von mir selbst, daß Freundschaften aus der Jugend wieder sehr wichtig werden. Die gemeinsam erlebte Zeit in Schule und Ausbildung, dieses Sich-Kennen von der früheren Zeit an, in der das Entwicklungspotential, das in einem lag, nur erst zu ahnen, aber doch schon zu erkennen war, verbindet auf einer ganz bestimmten Ebene, die die später geschlossenen Freundschaften oft nicht mehr ganz erreichen können.

Da gibt es Menschen, die unseren Vater, unsere Mutter noch gekannt haben, unsere Geschwister als Kinder und Jugendliche: Diese Menschen werden selten, wenn man selbst um die Sechzig ist. Besonders schmerzlich ist der Tod dieser etwa gleichaltrigen Jugendfreundinnen und -freunde. Diese Menschen, die uns von den Wurzeln her kannten, sind unersetzlich. Zudem ist ihr Tod ein eindringliches memento mori, das die eigene vorgerückte Lebenszeit erschreckend grell ins Bewußtsein rückt.

Auch alte Freundschaften mit solchen Menschen, mit denen wir heute nicht mehr unbedingt Freundschaft schließen würden – weil die Interessen auseinanderliegen oder politisch unterschiedliche Einstellungen vorherrschen –, werden zum Teil wieder ausgegraben, weil sie eben ein Stück der eigenen

Geschichte mit sich tragen. Überhaupt werden in den Sechzigerjahren manche Kontakte wieder ausgegraben, die wir in den mittleren Jahren nicht recht weiter gepflegt hatten, einfach weil zu viele Alltagsanforderungen auf uns lasteten und das Gespür für die Geschichtlichkeit unseres Lebens noch nicht genügend entwickelt war: „Von einem bestimmten Alter an muß man Freunde wie Familienmitglieder behandeln", sagt Heike, eine Journalistin, „man hat sie einfach, ob sie einem passen oder nicht."[63]

Auch bestimmte Wiedersehens- oder Klassentreffen steigen im Kurs: „Früher hab ich mich leicht gelangweilt", berichtet die gleiche Heike weiter, „wenn irgendein Treffen nicht so interessant war, dann hab ich viel eher den Kontakt schleifen lassen. Das tue ich jetzt nicht mehr so leicht. Es ist eben wie Familie: Man darf nicht darauf hoffen, daß sich in den älteren Jahren noch so stabile Freundschaften herausbilden. Das gibt es zwar, aber es ist doch eher eine Ausnahme, die Selbstverständlichkeit des Zusammenkommens ergibt sich einfach nicht mehr so leicht."[64]

Andererseits sind alte Freundinnen in diesen Jahren oft räumlich weit voneinander getrennt, weil es die Lebensumstände so mit sich gebracht haben. So schreibt mir eine alte Freundin aus der Schulzeit in diesen Vorfrühlingstagen ganz wehmütig: „Wann werden wir wieder einmal miteinander an einem Wasser entlanggehen? Wenn ich so schreibe jetzt, überkommt mich wieder so eine Mischung aus Abschieds- und Heimweh- und Altwerd-Gefühlen und diesem Wie-oft-Noch, Wie-lange-Noch – und ich schaue 'raus in einen grau-trüb verblasenen Samstagnachmittag und möchte mich noch viel, viel mehr an unserer Freundschaft erfreuen und sie auskosten. Aber: Ist es nicht schön, daß wir sie so über alle Berge gerettet haben, durch so viele Aufs und Abs?"

Diese Selbstverständlichkeit bezieht sich auch darauf, daß man mit den alten Freundinnen auch einmal jammern kann, wenn einem mies zumute ist; man kann auch einen ausgemachten Besuch wieder absagen, mit der ehrlichen Begründung, es gehe einem heute nicht so gut oder es passe einem einfach nicht so recht. Bei den jüngeren Bekanntschaften bedarf es, wie vielfach empfunden wird, mühsamerer Absprachen, damit ein Treffen überhaupt zustande kommt, das dann auch nicht mehr so leicht abzusagen ist, und statt ehrlich von seiner Niedergeschlagenheit zu sprechen wie bei den alten Freundinnen, reißt man sich bei den neuen Freunden eben zusammen.

Wie ist es mit der Beziehung, der Freundschaft zu Jüngeren? Meiner Erfahrung nach werden sie als sehr bereichernd empfunden, wenn und wo sie zustande kommen, so sehr, daß sie manchmal sogar den Neid der mit den jungen Freunden generationsgleichen Kinder hervorrufen: „Mutter, könntest du dich nicht auch wieder einmal mit Leuten deiner Generation treffen?!" Was diese Freundschaften zu Jüngeren „bringen", drücken die Älteren etwa so aus: „Ich komme durch diese Freundin noch einmal voll in Kontakt mit dem Denken und Fühlen der nachrückenden Generation, ich kann mich in sie hineinversetzen, finde sie liebenswert, da ich diese junge Frau sehr gerne mag. Zugleich werde ich von der jüngeren Frau als Ältere anerkannt und sogar bewundert." Freundschaften, ja Liebe zwischen Alt und Jung bedeuten immer symbolisch eine reale Chance der Lebenserneuerung für die Alten.

Ich weiß von Begegnungen zwischen 60- und 20jährigen, die in innige Freundschaften mit der Qualität von Mutter-Tochter- oder Mutter-Sohn-Beziehungen mündeten. So fand eine Frau, deren beide erwachsene Söhne längst aus dem Haus waren, in einer jungen Studentin noch eine „Tochter", eine andere, die kinderlos geblieben war, in einem jungen Musiklehrer, der im gleichen Haus wohnte, einen erwachsenen „Sohn".

Oft reichen die Freundschaften meiner Altersgruppe zu den Jüngeren in die Generation hinein oder auch in die Zeit zurück, in der der studentische Aufbruch der 68er erfolgte, eine Zeit, die auch viele von uns Älteren in Aufbruchstimmung versetzte und uns Mut machte, alte Zöpfe abzuwerfen.

So lernte manche von uns Älteren bei den Jungen das zuerst so umstrittene und inzwischen doch so bewährte Modell einer Wohngemeinschaft kennen, das sich so überzeugend anlassen kann, daß manche Ältere es für sich selbst erwägen und sogar ausprobieren. Manchmal wird dieses Modell auch nicht im Rahmen einer Wohnung, sondern im Rahmen einer Hausgemeinschaft mit eigenen Wohnungen oder im Rahmen naher Nachbarschaft erprobt, gerade auch als Modell, in dem verschiedene Generationen zusammenleben, zusammenlegen und einander in ihren unterschiedlichen Gaben unterstützen können, wobei die Älteren Zeit, Erfahrung, auch im Know-how der Lebensgestaltung, und vor allem ein offenes Ohr einzubringen haben.

Ganz neue Bekanntschaften zu machen, aus denen Freundschaften werden, ist andererseits in diesem Alter nicht mehr ganz so leicht. Es wird als schwieriger als früher empfunden, „in ganz neue Persönlichkeiten zu investieren": Sophie meint zu diesem Thema: „Vielleicht ist es dies, daß ich mich nicht mehr ganz so leicht für etwas und für jemanden begeistern kann. Ich habe früher, wenn ich bestimmte Leute kennengelernt habe, hinter ihnen eine Art Geheimnis gewittert, etwas, das ich unbedingt entdecken muß."[65]

Für viele von uns verkörpern die jungen Freunde bis heute etwas von dieser Aufbruchsbereitschaft in neue Lebensformen und gesellschaftliche Utopien hinein, auch wenn sie sich selbst längst wieder „angepaßt" hätten. Ein besonderes Kapitel sind die Beziehungen zu Enkeln und zur Enkelgeneration hin, die zwischen alten Pädagogen und jungen Erziehern, alten Therapeutinnen und jungen Ausbildungskandidaten besonders freundlich und herzlich sein können. Manchmal kommt es auf der gleichen psychischen Basis auch zu unerfreulichen Verbindungen zwischen alten Reaktionären, Nazis und jungen Rechtsradikalen.

## Die Initiation zur Großmutter

Die reale Großmutter-Enkel oder -Enkelin-Beziehung ist im allgemeinen von großer Innigkeit. So schreibt mir eine „frisch initiierte Großmutter", wie sie sich selbst nennt: „Entzückend, was du von Eurer ‚Kleinware' schreibst. Ja, die Großmütter: Ich hätte nie im Traum gedacht, daß ich mal mit solcher Inbrunst so eine würde und plötzlich die Welt voller Großmütter sehe, die genauso inbrünstig herumspinnen."

Familie inklusive Kinder werde wieder wichtig, so sagt man. Stimmt das eigentlich? Eigentlich sollte doch, jedenfalls nach der Freistellung von den beruflichen Pflichten, mehr Zeit für die Kinder, Enkel und auch für die alten Eltern sein, soweit sie noch am Leben sind. Doch scheint dies nicht immer, sondern eher selten und nur dort der Fall zu sein, wo diese Kontakte schon immer nicht unwichtig waren, und auffälligerweise gerade bei den Vätern, die jetzt zuweilen eine letzte Chance erkennen, sich mit der nachkommenden Generation noch zu befassen.

In dieser Hinsicht denke ich an Gerald, den Chefarzt einer großen Klinik, chronisch überarbeitet, der mit einigem Erschrecken bemerkt, daß seine beiden Söhne, nahezu erwachsen, schon lange nicht mehr gewohnt sind, ihn im geringsten in ihre Interessen und Sorgen einzubeziehen. Als er in fast rührend-ungeschickter Weise anfängt, ihnen sein Interesse mitzuteilen, blitzt er zunächst verständlicherweise ab. Doch ist seine eigene Betroffenheit von der Entfremdung so stark, daß er dabei bleibt, den Kontakt zu seinen erwachsenen Söhnen zu suchen, auch durch altersentsprechende gemeinsame Unternehmungen mit Touren und Segeltörns, bis sich die Beziehung wirklich wieder erwärmt.

Birgit, die Ärztin, hat nach der Schließung ihrer sie sehr fordernden Praxis mit 68 Jahren endlich Zeit, sich den Töchtern, die weit entfernt leben – eine in USA – und dem geliebten, spät geborenen Enkelkind zuzuwenden. Sie setzt viel ein an Zeit, Geld und Phantasie, um mit den Kindern Kontakt zu halten. Mit dem Enkel zusammen aber geht sie, als gastweise Mitfliegerin natürlich, gelegentlich zum Segelfliegen, was ihre Altersgenossinnen verwundert, was aber den Jungen hell begeistert.

Eine andere meiner Freundinnen reist mit ihrem Enkel, dem Kind ihres adoptierten Sohnes, nach Namibia ins Tierreservat, um mit ihm gemeinsam die großen Tiere kennenzulernen. Erstaunliche Impulse werden durch die Enkel in ihren jung-alten Großmüttern geweckt!

Bei Jana wiederum gehen Sohn und Enkel vor, auch wenn sie beruflich noch so viel zu tun hat. Freunde und Bekannte haben sich dann damit abzufinden, daß die lange ausgemachten Besuchstermine verschoben werden; bereits gekaufte Konzertkarten werden verschenkt. Das Leben läuft dann nur noch im Blick auf die Kinder und Enkel weiter, zumal deren Besuch ihr sehr kostbar ist, da sie weit entfernt wohnen.

Es ist aber nicht bei allen so. Margarete sagt ehrlich: „Kleine Kinder waren noch nie ganz mein Fall."[66] Sie atmet auf, wenn die Kleinen, die ja für ältere Menschen auch physisch anstrengend sein können, wieder weg sind. Bei ihr handelte es sich allerdings um die Enkel ihres jetzigen Mannes aus erster Ehe, eigene hat sie nicht. Es würde sich zeigen, ob sie bei eigenen Enkeln ihre Coolness durchhalten könnte.

Wichtig werden im jungen Alter auch die Geschwister. Die 62jährige Älteste einer großen Geschwisterschar kümmert sich rührend um ihre etwas jüngeren Brüder, darunter einen behinderten, und nicht weniger um die alte Mutter. Eine andere meiner Freundinnen, ledige Lehrerin, zog nach Beendigung ihrer Berufszeit aus einer Großstadt, in der sie sehr gerne gelebt hatte, wieder zurück in ihren Geburtsort, um der jüngeren Schwester, deren Mann ums Leben kam, und all ihren Nichten und Großnichten beizustehen: „Hoffentlich war es kein Fehler", meint sie mir gegenüber, „aber erst einmal werde ich hier gebraucht. Vielleicht ziehe ich später zurück in die Großstadt, wo ich ja noch meinen Freundeskreis und meine Meditationsgruppe habe."

## Die alten Eltern

Die Fürsorge den alten Eltern gegenüber ist bei den jungen Alten meiner Generation durchaus vorhanden, scheint aber doch stark an die jeweilige Beziehung zu ihnen gebunden zu sein. Manche Töchter sagen in der Erinnerung an ihre schwierige Kindheitsbeziehung nicht ohne Bitterkeit: „Es geschieht alles für sie – und das ist mehr, als man bei meiner Kindheit sagen kann."[67]

Ausnahmen bestätigen natürlich die Regel. Eine Bekannte, deren Mutter es ihr ein Leben lang sehr schwer gemacht hat und eher ablehnend war, kümmert sich nach deren beginnender Alzheimerschen Erkrankung rührend um sie: „Ich möchte wenigstens ein wenig von dem, was eine Mutter-Tochter-Beziehung hätte sein können, jetzt noch verwirklichen." Für manche Töchter sind die uralten Mütter und Väter fast wie Kinder, die sie umsorgen und deren Umsorgung ihnen auch eine gewisse Befriedigung verschafft.

Unter den von ihr interviewten jungen Alten hat Eva Jaeggi jedoch nicht eine gefunden, die ihre Eltern zu Hause hätte mitleben lassen – wohl wochenweise, monatsweise, aber nicht ständig. Bei ernstlicher Pflegebedürftigkeit weicht offenbar diese meine Generation der „jungen Alten" mit ihren Uralten im allgemeinen ins Pflegeheim aus oder doch zumindest in eine ambulante Pflege. Bis unmittelbar vor deren Pflegebedürftigkeit haben allerdings etliche meiner Verwandten und Bekannten – mir fallen gleich mehrere Beispiele auf einmal ein – ihre alten Mütter oder Väter dennoch zuhause betreut, nachdem diese, meist schon hochbetagt, verwitwet waren und nicht mehr allein leben konnten.

Natürlich kommt bei den jungen Alten auch die Frage auf, was denn werden soll, wenn sie selber pflegebedürftig würden. Auf keinen Fall wollen sie ihre Kinder damit belasten, so der Tenor, woraus natürlich hervorgeht, daß sie selbst die Pflege der Alten als belastend, wenn nicht als lästig empfinden.

Heike, die selber sehr stark an ihrer Tochter hängt, hat doch auf alle mögliche Weise vorgesorgt, daß sie dieser einmal nicht zur Last falle: „Nein, zu denken, daß sie dann sagt: Ach, schon wieder zur Mutter, wie lästig ..., das könnte ich nie ertragen."[68] Viele Eltern der 68er Generation haben sich, ihrer offen kritisierenden Kinder wegen, die sie ja zur Kritikfähigkeit erzogen haben, ein ständig schuldbewußtes Verhalten wegen früherer möglicher Erziehungsfehler angewöhnt, das sich gar nicht vorstellen kann, im Alter von den Kindern etwas erwarten oder gar verlangen zu dürfen. Meine eigene Regel, aufgrund vieler Erfahrungen und Äußerungen anderer zustande gekommen, lautet so: Wir sollten mit unseren alten Eltern so umgehen, daß wir sie lieb behalten können. Das schließt auch ein, daß wir uns nicht mit ihrer Umsorgung und Pflege derart überfordern, daß wir selber nur noch ungeduldig und überreizt auf sie reagieren können. Die äußere Pflege kann notfalls eine Fachkraft übernehmen, der wir sie dann auch anvertrauen sollten, damit wir, darin sind wir unersetzbar, die innere Pflege, die emotionale Nähe zu unseren Eltern aufrecht erhalten können.

## Vergangenheit contra Gegenwart

Stimmt es, daß alte Menschen mehr in der Vergangenheit leben als in der Gegenwart? Falls ja, gilt das auch schon für die jungen Alten? Zunächst einmal scheint es mir so, als ob die Vergangenheit einem wichtiger würde, als sie es in jüngeren Jahren war. Ob dies auf Kosten der Gegenwart geht, ist wohl eine Frage der gesamten Verfassung der Betreffenden und ob sie in einer späteren oder früheren Phase ihres Alterns stehen.

Bei den jungen Alten fällt mir ein stärkeres Interesse an Familiengeschichte auf, alte Fotos von Großvätern, Urgroßtanten steigen im Kurs, und nicht nur Personen, sondern auch Orte, in denen die Familie gelebt hat, werden interessant: vor allem natürlich auch dann, wenn die Flucht- und Vertreibungsgeschichte der Kriegs- und Nachkriegsjahre sich mit der Familiengeschichte verwob. Unter den heute „jungen Alten" sind diejenigen zu finden, die als Kinder noch die großen Flüchtlingstrecks aus Ostpreußen, die Vertreibung aus Schlesien miterlebten. Die Kindheitserfahrungen leben wieder auf, werden den Enkeln erzählt: Man fährt an die alten, wieder zugänglichen Lebensorte der Familie. Auch Fluchtgeschichten zwischen der damaligen DDR und der BRD werden neu erzählt, die alten Orte wieder aufgesucht. Und selbst wenn es nur um das Wiederbetreten so lange abgeschnittener Gebiete ginge, in denen man in der Jugend wanderte und heute wieder wandern kann, wie von der Rhön aus in den Thüringer Wald oder vom Thüringer Wald aus in die Rhön, wie man dies in meiner Ursprungsfamilie gern tat und tut, so nutzt man dies und findet mit Freude und Wehmut Altvertrautes wieder. Eine meiner Freundinnen entdeckt sich selber, die sich unter den übrigen Familienmitgliedern immer ein wenig fremd erschien, in einer Urgroßmutter wieder, deren dramatisches Leben sie nun anhand der spärlichen Quellen rekonstruiert.

Vielfach wacht unter den jungen Alten ein besonderes Interesse an der Zeitgeschichte unseres Jahrhunderts und der eigenen miterlebten sechzig Jahre auf. Eine Freundin sammelt und ordnet als Altershobby alte Spiegel-Nummern seit Erscheinen, eine andere geht in ähnlicher Weise der Kunstgeschichte unseres Jahrhunderts nach. Wieder eine andere entdeckt ihre Vorliebe für Romanik aus der Jugend wieder; ergänzt nun ihre Kenntnisse aus Frankreich und Spanien um die nach der Maueröffnung neu zu entdeckende Backsteinromanik in Mecklenburg und Brandenburg. Heike, die schon erwähnte Journalistin, erzählt auf die Rückfrage, ob sie heute mehr in der Vergangenheit lebe als früher, sehr lebhaft und bejahend: „Ich fange an, meine Familiengeschichte zu studieren. Leider sind meine Eltern schon tot, ich hätte jetzt eine Menge Fragen. Aber es leben noch etliche sehr alte Tanten, die besuche ich immer wieder einmal und lasse mir erzählen. Außerdem ist da noch mein Bruder, der hat ein fantastisches Gedächtnis, der erinnert sich noch an so wichtige Dinge wie: Wo haben wir denn damals in der Kriegszeit das Klavier stehen gehabt? Oder: Hat der Großvater nach seinem Herzinfarkt wirklich noch Freundinnen gehabt ...? Komischerweise will ich das alles wissen, früher habe ich nie daran gedacht. Ich erzähle auch meiner jungen Tochter sehr gerne Dinge aus meiner Kindheit und auch Begebenheiten aus der Kindheit meiner Mutter. Wir sind eine ‚Erzählfamilie', deshalb bin ich vermutlich auch Journalistin geworden, bei uns gibt es viele Anekdoten, und ich möchte sie alle für meine Tochter aufheben. Ob das schon etwas zu tun hat mit irgendwelchen Gedanken an den Tod? Das Gefühl: Ich möchte nicht ganz verlorengehen, wenn schon nicht anders, dann will ich wenigstens in Erzählungen weiterleben." [69]

Besonders wach werden die Erzählungen in Familien, die an der Zeitgeschichte des Dritten Reiches teilgenommen haben, sei es als Mitglieder des Widerstands, sei es als Verfolgte; aber auch in den Familien, deren Eltern zu den sogenannten Mitläufern gehört haben, wachen bei den jungen Alten die unter Scham- und Schuldgefühlen verdeckten Erinnerungen an jene Zeit auf, die sie als Kinder miterlebten. Es ist nach meiner Beobachtung sogar leichter, sich mit schuldhaften Taten und Versäumnissen der eigenen Familie in jener Zeit auseinanderzusetzen, wenn man, wie die Generation der heute Sechzigjährigen, altersmäßig nicht mehr zu denen gehört, die aktiv und vollverantwortlich an den damaligen Handlungen beteiligt waren. Erst jetzt, wo die damalige Kindergeneration in die Sechziger kommt, kann offenbar von dem allen gesprochen werden und will man wirklich wissen, wie es war. Ich habe da bei der von mir mitveranstalteten Lindauer Tagung im Jahr 1995, dem 50. Jahr nach Kriegsschluß, sehr bewegende Dinge erlebt, indem Sechzigjährige aus Familien des Widerstands, aus jüdischen Familien und auch aus Familien, deren Mitglieder zu den Nazis gehörten, einander offen erzählten, wie sie damals als Kinder ihre Eltern und die damalige Zeit erlebt haben.

## Frauengeschichte

Bei vielen wacht überhaupt erst in diesem Alter ein Interesse an der Dimension der Geschichte auf, z. B. auch an Frauengeschichte oder an matriarchaler Archäologie, wie sie die kürzlich verstorbene Archäologin Marja Gimbutas[70] vor allem in ihren späteren Jahren in schöpferischer Zusammenschau aufgrund ihrer jahrzehntelangen Ausgrabungsarbeit in Osteuropa zusammengetragen hat. Oder wie die betagte Felicitas Goodman[71] aus altüberlieferten kultischen Haltungen, in die sich ihre Probanden körperlich hineinversetzen und deren innere Wirkungen sie in Trance versetzt nacherleben, eine psychologische Archäologie entwickelt. Zahlreiche Frauen unter den jungen Alten besuchen in ihren Sechzigern die Inseln Kreta und Malta ausdrücklich deshalb, weil sie die Wiege weiblicher Kulturen kennenlernen wollen.

Auf Kreta kommen wir Frauen mit dem uralten Mythos[72] von der dreifaltigen Göttin Persephone, Demeter und Hekate in Berührung, der uns in dieser Lebensphase besonders faszinieren kann, weil er das Zusammenspiel von Lebensfrühling (in Persophone, der jungen Frau verkörpert), Lebensmitte (in Demeter, der reifen, mütterlichen Frau) und Lebensherbst (in Hekate, der weisen Alten) als einheitliches Geschehen begreift, dem auch der Tod als großer Verwandler einbeschlossen ist: Wie in der dreifaltigen Göttin spielen in jeder Frau die drei Phasen ineinander, so daß in der Alten auch die Junge und die Frau in der Mitte des Lebens lebt als stete Wandlungsgestalt.

## Familiengeschichte

Wegen der Krankheit einer ihrer Schwestern muß eine 61jährige jetzt oft wieder in die alte Heimatstadt fahren, in der sie aufgewachsen ist: Mit Rührung besucht sie die alten Plätze, die noch so viel ausstrahlen, es kommt ihr alles zwar viel kleiner vor als damals, als sie selbst klein war, und kleiner als in ihrer Erinnerung. Doch sie liebt es wie ein Stück eigene Geschichte. Dabei trifft sie auch einen Jugendfreund wieder: Sie haben sich viel zu erzählen, das während des Erzählens noch einmal auflebt und das sie einander, während sie so berichten, sehr nahebringt, auch wenn sie sich in der Zwischenzeit gänzlich aus den Augen verloren hatten.

Es gibt die Rührung, die sich einstellt, wenn man Vaters Notizbuch aus dem Zweiten Weltkrieg in Frankreich findet, wo er sich mit kleiner, sorgsamer Schrift französische Vokabeln eingetragen hat, dazu auch die Bemerkung eines Franzosen, die ihn offenbar stolz machte, er spräche französisch immerhin so fließend wie ein Alsacien, ein Elsässer.

Es gibt die Bewegung, die einen überkommt, wenn man die Postkartensammlung der verstorbenen Mutter selber wieder sorgsam betrachtet: all die Kartengrüße, die man als Tochter ihr ein Leben lang geschrieben hat samt all den abgebildeten Orten, wo man war, in den Ferien oder auch beruflich, es ist wie eine persönliche Chronik ...

Als der um 16 Jahre jüngere Bruder etwas spöttisch den Mund verzieht über so viel Nostalgie, lächelt die Schwester nur: „Du bist noch nicht in den Jahren ..."

Es scheint wirklich, als läge es „an den Jahren", dem Alter um die Sechzig nämlich und später, wenn der berufliche und der familiäre Alltag sich verändert haben, mehr Ruhe einkehrt, mehr Zeit, über sich selber nachzudenken, daß die Vergangenheit an Interesse gewinnt: geht es doch dabei um eine Art von Lebensrückblick, ein Ausfiltern und Aushalten dessen, was wir nun als die „Essenz" unseres bisherigen Lebens betrachten wollen.

Vielleicht gibt diese Frage nach sich selbst auch den Anlaß, die weit ausgefaltete Lebensgeschichte in all ihren Abschnitten noch einmal zu durchforsten samt all den Personen, die wichtig für einen waren. Es gilt in diesen Jahren, sich selber in seinem Gewordensein verstehen und annehmen zu können. Es kann nicht mehr darum gehen, rückwirkend oder auch im voraus alles verändern zu wollen. Es bleibt nicht mehr so viel

Zeit zu radikalen Veränderungen, auch wenn es noch Teilveränderungen geben kann. Die Einstellung zu sich selbst und seiner Geschichte läßt sich allerdings sehr wohl noch verändern: Und so läßt sich manchmal vom jetzt gewonnenen, reiferen Standort aus manches neu gewichten, gleichsam auch rückwirkend.

Zu unserem Gewordensein gehört das weitere Umfeld bis zu den Vorfahren hin: auch zur heimatlichen Gegend mit ihren Menschen, ihrer Kultur, ihrem Dialekt. Für uns Deutsche gehört dazu auch unsere Zugehörigkeit zur deutschen Geschichte mit all ihren dunklen, aber auch hellen Kapiteln. Aussteigen kommt in diesem Alter ja nicht mehr in Frage, auch kaum noch Auswandern, nur ein unverstelltes Anschauen, ein Wahrseinlassen der als Kind noch miterlebten Unmenschlichkeit und doch auch ein Wahrnehmen und Weitergeben des Unverlierbaren unserer humanen Kultur an die Enkel, einer Kultur, die manche Frau in diesen Jahren erst noch tiefer verstehen lernt. Das Interesse an Zeitgeschichte und Familiengeschichte in der Folge mehrerer Generationen – eine Mittsechzigerin rekonstruiert voll Faszination ihren Familienstammbaum durch sechs Generationen – entspricht dem wachsenden Interesse, das eigene Leben, dessen Spanne sich verkürzt, in größere Zusammenhänge einzubetten, damit es teil habe an größeren Zusammenhängen.

## Das Sich-Vertrautmachen mit dem Alter

Wie bei allen Verlusten im Leben, die Trauerarbeit erfordern, geht es auch bei dem Betrauern der hinter einem liegenden Jugend wie auch der mittleren Erwachsenenjahre um ein phasenhaftes Geschehen, das in individueller Zeitdauer bewältigt wird.

Im Unterschied zu der Abschiedsstimmung der Wechseljahre, die um die verebbende Fruchtbarkeit und die Attraktivität des jugendlichen Frauseins trauert, kommt jetzt, im späteren Erwachsenenalter, der Prozeß des Alterns in Sicht und löst „Besorgnisarbeit" aus. Zum Nach-Trauern, das die Wechseljahre charakterisiert, kommt ein Voraus-Trauern, das das auf uns Zukommende z. T. vorwegnimmt.

Am Anfang steht auch hier eine Phase des „Nicht-Wahrhabenwollens", wie wir sie aus jedem Trauerprozeß kennen: „Ich: Sechzig? Das gibt es doch gar nicht!" Der Stolz, der auch da ist, dieses Alter immerhin erreicht zu haben, mischt sich mit Beklommenheit: „Meine Eltern mit 60: Die waren da doch schon recht alt!" Man vergleicht Fotos eigener Verwandter und lächelt mit einiger Gänsehaut über Rembrandts Radierung seiner Mutter, die damals um die 50 war, oder gar über Dürers Kupferstich seiner damals 63jährigen Mutter: Greisinnen kurz vor dem Verfall! So ist Alter heute gewiß nicht mehr, vor allem nicht das junge Alter. Wir versichern in dieser Phase des Nicht-Wahrhabenwollens uns selber und lassen uns nur allzu gerne versichern, daß wir „noch" gut aussehen und was wir alles „noch" uns vorzunehmen und zu leisten imstande sind und überhören dabei geflissentlich das immer wiederkehrende „noch". Die jungen Schüler und Auszubildenden, falls man sie um sich hat, mit ihrer jungen, belebenden Energie, lassen einen doch deutlich spüren, daß man für sie jetzt unter die Kategorie der Großeltern fällt, was für die einen unter ihnen zum Glück etwas respektabel Liebenswertes darstellt.

In dieser Phase nehmen wir die schonende Toleranz der Jüngeren gegenüber der eigenen, geringeren Beweglichkeit und dem schlechteren Gedächtnis noch als Respektsverhalten hin und kaschieren die einem nicht gleich einfallenden Begriffe mit Umschreibungen wie das nicht genau Gehörte und Verstandene mit wissendem Nicken. Wenn eine jüngere Freundin bei einer gemeinsamen Fahrt durch Nacht und Nebel anbietet, das Steuer zu übernehmen, lehnen wir zwar nicht ab, bemerken aber: Das wäre wirklich nicht nötig gewesen.

Erst in der nächsten Phase, derjenigen der „aufbrechenden Emotionen", nimmt man unter Schrecken, Schmerz und Kränkung wahr, daß man es eben doch „nötig hat": nicht nur die freundliche Entlastung nachts beim Autofahren, weil die Augen nicht mehr so recht mitmachen, weil die Sicht verschwimmt und auch das Reaktionsvermögen dadurch beeinträchtigt ist. Die Komplimente wegen eines noch immer guten Aussehens nimmt man von nun an eher als etwas hin, das einem deshalb gemacht wird, weil man es inzwischen wirklich nötig hat. Nun merken wir auch, daß wir die Rücksichtnahme der Jüngeren wegen gelegentlicher Vergeßlichkeiten, Wortfindungsschwierigkeiten oder auch der etwas veralteten Literaturangaben, bei denen die neuesten Erscheinungen noch fehlen, tatsächlich brauchen, zumindest gut gebrauchen können. Viele Frauen merken in diesem Alter, daß sie beim Schwimmen, beim Bergsteigen das Tempo jüngerer Freundinnen nicht mehr einzuhalten vermögen, daß manchmal verstärkter Höhenschwindel aufkommt, in dem sich vielleicht eine bisher verkappte, jetzt aber zugelassene Angst vor dem möglichen Absturz, eine Todesangst also, manchmal sogar eine Todessehnsucht verbirgt. Zudem ist die Trittfestigkeit, die Stabilität der Knöchel und Fußgelenke nicht mehr so zuverlässig wie früher. Beim Windsurfen bemerken die meisten, daß sie bei starkem Wind das Segel nicht mehr halten können. Beim Skilaufen, beim Schlittschuhlauf kommt es vor, daß man so hart fällt oder auch mit so unglücklich gelagerten Skiern, daß man ohne fremde Hilfe nicht mehr hochkommt. Früher kam das ja auch vor, aber dann war es an besonders steilen Hängen. Jetzt spüren wir auf einmal, daß wir auf die Hilfeleistung anderer wirklich angewiesen sind, und beginnen sie gerne, manchmal sogar allzu gerne anzunehmen.

Nun sind wir in die dritte Phase des Trauerprozesse hinübergeschritten. Die Etappe könnte man mit Jaeggi[73] die „Realisierungs- oder Realitätsphase" nennen oder mit Kast[74] die „Phase des Sich-Trennens und Sich-Wiederfindens". Sich-Trennen, das hieße z. B. im Blick auf bestimmte Sportarten, sich wirklich von ihnen zu verabschieden, weil das Unfallrisiko, die Angst vor Stürzen – wegen der Osteoporose brechen ältere Knochen bekanntlich leichter als zuvor –, den Lustgewinn an dieser Sportart nicht mehr auffangen.

Das „Wiederfinden" kann dagegen in lebendiger Erinnerung bestehen, im Betrachten der Fotos, Filme und Videos, die das Erlebte und Geleistete in dieser Sportart festhalten. Festhalten und Gegenwärtigmachen: Es kann in einer leichteren Form, einer Variante der aufgegebenen Sportart bestehen, indem wir von Abfahrtslauf zu Langlauf wechseln, von Tennis zu Tischtennis, um uns als Spezialistin in dieser Sportart zu betätigen.

Eine Freundin, die zu den Vorreiterinnen des Windsurfens am Bodensee gehörte, findet etwas von ihrer Begeisterung und Kennerschaft für diese Sportart wieder, wenn sie das Starkwindsurfen auf den Kanarischen Inseln beobachtet.

Im allgemeinen besteht die Trauer um die verlorene Spannkraft der Jugend in lauter kleinen „Schreckmomenten", die sich auf viele Jahre verteilen: Eine Freundin, noch in den Fünfzigern, fühlt sich bei ihrem normalen Radfahrtempo plötzlich wie eine „lahme Ente", als sie von einer schnell fahrenden Jüngeren lässig überholt wird. Sie beginnt nun auch zu spurten, was ihr durchaus möglich ist – doch nicht so, daß sie die Jüngere noch einholen oder gar überholen könnte. Bei solchen Erlebnissen zuckt etwas in uns zusammen.

Eine andere, 62jährig, blickt während einer Pause im Tischtennisspiel flüchtig in einen Spiegel. Erhitzt und von der Sonne gegerbt, wie sie im Moment ist, sieht sie in dem grellen Licht plötzlich überscharf, was das Alter in ihrem Gesicht angerichtet hat: da sind die Längsfalten um Mund und Augen, das schlaffer werdende Lid, das Doppelkinn. Ihr gealtertes Aussehen fährt ihr im Moment so sehr in die Glieder, daß sie mehrere Bälle beim weitergehenden Spiel verfehlt. „Denkst du an etwas?" fragt die Spielpartnerin, die ihre plötzliche Zerstreutheit wahrnimmt. „Aber ja", antwortet sie wahrheitsgemäß, „meine Falten haben mich plötzlich erschreckt." „Das ist halt so, bei dir ist es ja gar nicht so schlimm", entgegnet die Freundin, „wenn ich mich bei mir darüber aufregen wollte – und ich bin ja jünger als du –, könnte ich glatt verrückt werden, werde ich aber nicht!"

Sie einigen sich mit einigem Humor, in diesem Fall fünfe

gerade sein zu lassen, verstehen einander jedenfalls gut in dieser Situation – und spielen weiter Tischtennis, ein gutes, schnelles Spiel.

Sie sind in diesem Fall in die dritte Phase des Trauerns hinübergeschritten, die Phase des „neuen Selbst- und Weltbezugs"[75], in der man losläßt, was losgelassen werden muß – ein altes Identitätsgefühl, das mit dem jugendlichen Aussehen stand und fiel –, und sich statt dessen für eine neue Begründung der eigenen Identität öffnet.

Nun sind diese Phasen der Verabschiedung des „Voralterns", wie Jaeggi sie nennt, nicht ein für allemal zu durchlaufen, da es sich ja immer wieder um einzelne Bereiche, wie das Aussehen oder die körperliche und geistige Leistungsfähigkeit handelt, zudem wechseln deren Grade ständig – und doch kommt man in der dritten Phase grundsätzlich zu der Einsicht, im Alterungsprozeß zu stehen, alt zu sein: „Sechzig: das ist schon was!" gesteht eine 61jährige Lehrerin ein, die in Pension gehen will, weil sie sich nach dem Unterricht jeweils übermäßig abgespannt fühlt, anders als früher. In dieser Phase machen viele Frauen sich klar, daß sie „abgebaut" haben. Manche bekommen über dem Schock dieser Einsicht zunächst einmal den Eindruck, von jetzt an sei rein gar nichts mehr möglich, und sie könnten auch nicht mehr viel leisten. Zwar denkt man nicht gerade gleich an Vergreisung oder an Sterben, aber ab und zu – vor allem wenn eine Gleichaltrige von einem gesundheitlichen Einbruch betroffen wird – rührt es einen doch an!

Als ich mitten in den Ferien von dem leichten Schlaganfall einer nahen Freundin erfuhr, der sie zunächst rechtsseitig lähmte, verlor für mich meine eigene Noch-Beweglichkeit tagelang jegliche Selbstverständlichkeit. Der frühe Krebstod einer anderen, jüngeren Freundin aus der Studienzeit verunsicherte mich eine Zeitlang stark in meinem Vertrauen ins Leben, konfrontierte mich kraß auch mit der eigenen Sterblichkeit.

Für die besonders Gesunden unter uns Sechzigern, die auch noch als besonders jugendlich eingestuft werden, ist es doppelt schwer, die fortgeschrittene Lebensphase zu akzeptieren. Sie bleiben naturgemäß am längsten in der Phase des „Nicht-Wahrhabenwollens"[76] stehen. Eine gewisse Gefahr zeigt sich aber auch für diejenigen, die die erste Phase rasch hinter sich bringen und sich quasi illusionslos nunmehr als „alt" einschätzen und auch so bezeichnen. Zwar gestehen sie sich deutlich das ein, was jetzt wohl nicht mehr geht, aber sie gestehen sich über dieser Einsicht nur selten das noch zu, was durchaus geht und vielleicht gerade noch auf seine Realisierung wartet. Sie legen das Steuer aus der Hand, noch ehe die Lebensfahrt beendet ist, und müssen sich nicht wundern, wenn sie dann auflaufen. Sie wagen nichts mehr, gehen kein Risiko mehr ein, ziehen sich auf ihre Hobbys und ihren engsten Bekanntenkreis zurück und werden dann auch tatsächlich bald alt, älter als sie sind: „Da schaust du alt aus", hieße das, im saloppen Jargon unserer Jugendlichen gesprochen, und in diesem Fall zu Recht.

Da gibt es wegen Stellenabbau Entlassene, die beispielsweise erst 57 Jahre alt sind, die dann aber auch wirklich „gar nichts" mehr tun mögen, die kein Engagement und schon gar kein Abenteuer irgendwelcher Art mehr eingehen. Sie resignieren und versetzen sich damit selbst aufs Altenteil. Ihr Identitäsgefühl ist zwar klar, doch im Unterschied zur ersten Gruppe fixieren sie sich selbst aufs Alter. So gilt es, eine Balance zu finden zwischen einem verkrampften Noch-Festhaltenwollen dessen, was sich nicht mehr festhalten läßt, und einem verfrühten Aufgeben, das dann auch das Mögliche allzu früh blockiert.

In die letzte Phase, in diejenige der bewältigten Trauer, diesmal um die verlorene Jugend, treten nur diejenigen ein, die einen „neuen Selbst- und Weltbezug" erringen, die eine Integration des verabschiedeten Lebens in ein neues „abschiedliches" Lebensgefühl schaffen und deshalb zu einem neuen Lebenssinn finden. Ob die Alten tatsächlich noch „jung" sind, ließe sich an ihrer Fähigkeit ablesen, sich weiterhin noch auf Neues einzulassen.

## Die Identität der „neuen Alten"

Die Gesellschaft, deren Ansprüche wir verinnerlicht haben, erwartet, daß man mit über sechzig Jahren „weiß, wer man ist" – und wir finden es wohl selber lächerlich, uns noch einmal damit herumquälen zu sollen, wenn wir es trotz der hinter uns liegenden Wandlung in den Fünfzigerjahren nun auf einmal doch nicht mehr so genau wissen. Doch die „Einheit der Identität" das ganze Leben hindurch, die man noch vor einigen Jahrzehnten annahm, kann sich nur auf einen Kern der Person beziehen: Alles übrige muß in jeder Phase neu definiert werden. Vor allem aber die Phase der „jungen Alten" leidet an einem Identitätsdefizit. Weder hilft da die vielbeschworene Formel vom „erfolgreichen Altern" noch das frühzeitige Aufgeben z. B. der eigenen Wohnung, was in der Tat den Alterungsprozeß beschleunigen könnte. Eines der Paradoxe des Alters besteht darin, daß der in heutiger Zeit fast überstrapazierte Entwicklungsprozeß sich bei vielen Alterstheoretikern gleichsam umkehrt: Hier wird nicht auf die speziellen, dem Alter eigenen Entwicklungsmöglichkeiten hin tendiert, sondern darauf, möglichst lange an der Jugend festzuhalten und so lange wie möglich „fit und beweglich" zu bleiben.

Für Freya Dittmann-Kohli[77] wäre logischerweise das „erfolgreiche Altern" mit Nicht-Altern gleichzusetzen. Aber darin liegt gerade das Paradoxe. Im Grund ist es eine äußerst mühsame Art zu leben, wenn wir uns nur darauf beschränken wollten, etwas festhalten zu wollen durch besondere Trainings- und Gedächtnisübungen, das sich eigentlich dennoch entzieht. Jaeggi schlägt ein ebenso paradoxes Gegenexperiment vor: „Wie wäre es, wenn man ein Training anböte, das den jungen Alten klarmachte, wie ihre jetzt schon sichtbaren Eigenheiten sich in zehn bis fünfzehn Jahren entwickelt haben werden?"[78] Dieser Vorschlag wird bei den Alten kaum auf Gegenliebe stoßen, da er darauf beruht, sie mit ihren wachsenden Defiziten vertraut zu machen. Als Mutprobe käme er vielleicht noch in Frage. Er könnte vielleicht schon dadurch attraktiver werden, daß er auch die Entwicklungsmöglichkeiten der ansatzweise schon im „jungen Alter" vorhandenen positiven Alterseigenschaften mitenthielte, als da wären: Gelassenheit, Toleranz und Humor, die Fähigkeit, dankbar hinzunehmen und sich einzufügen in die größeren Zusammenhänge des Lebens. Über die Schwierigkeit, seine Identität als „junge Alte" zu finden, wird allenfalls mit der besten Freundin geredet. Es geht da schließlich um unseren Körper, unsere Sexualität und „unsere Ängste ganz allgemein."

Auf die Rückfrage, was sie mit ihrer besten Freundin in dieser Hinsicht berede, antwortet eine der von Jaeggi interviewten Frauen: „Erst jetzt wird uns z. B. klar, wie hübsch wir einmal waren. In unserer Jugend hatten wir tausend unnötige Komplexe. Da bedauern wir oft, daß wir unsere Schönheit nicht genossen haben." Ob durch solche Gespräche so etwas wie „neue Identität" entstehen könnte, wurde sie weiter befragt, doch diese Frage erschien ihr recht abstrakt gestellt. „Ich glaube, so etwas würden wir gar nicht bemerken; aber eins ist sicher: daß ich mich durch solche Gespräche, die sich sehr oft um unsere Defizite drehen, irgendwie gefestigter fühle. Ich muß mich nicht verbergen, ich fische nicht nach falschen Komplimenten, ich habe eine Bundesgenossin. Ich könnte mir vorstellen, daß in dieser Weise eine neue Identität, wenn du es unbedingt so nennen willst, zustande kommt."[79]

In der ersten Identitätsphase, nämlich in der Pubertät, halten wir es ja für sehr wichtig, daß wir uns mit anderen Jugendlichen austauschen und so merken, woran wir alle kranken. Allerdings reden wir als Jugendliche natürlich nicht nur von unseren Defiziten, sondern auch von dem, was wir können und wollen, und darüber reden wir nun unter den jungen Alten viel seltener als von unseren Defiziten. Die betreffende Frau erwähnt noch: „Wir sind beide der Meinung, daß wir zueinander ehrlich sein wollen, und daher ist zumindest zur Zeit das Thema ‚Abbau' wichtig."[80]

Auch für diejenigen, die noch einmal eine Ausbildung, ein Studium im Alter wagen, ist die Sache nicht einfacher: „Trude redet mir ein", sagt Cornelia, die noch Anfang 60 ein

Geschichtsstudium aufgenommen hat, „daß ich durch meine vielen Kontakte mit Studenten selbst jung bleibe; aber das stimmt nun einmal nicht. Allerdings habe ich schon oft das Gefühl, ich sei gar nicht so sehr viel anders als meine Kommilitonen; dann aber gibt es auch wieder ganz krasse Abbrüche, z. B., wenn sie in solch verzweifelter und nerviger Art über ihre Beziehungen berichten ... Dann komme ich mir tatsächlich als ‚Alte' vor."[81] Ähnliches berichten auch andere, die sich auf Studien im Rahmen der heute gut ausgebauten „Universität des dritten Lebensalters" einlassen.

## Der neue Lebenssinn im „jungen Alter"

Überall dort, wo es ein Über-sich-hinaus-Denken gibt, scheint es diesem Alter auch „Lebenssinn" zu geben. Wichtig ist, um mit Erikson zu reden, daß man sich nicht selbst als sein einziges Interesseobjekt wählt und in der „Selbstabsorbation" stagniert. Ob es das Wiederaufleben alter Interessen, die vom Berufsleben blockiert waren, wie denen an schöner Literatur, Lyrik oder Philosophie ist, oder auch die Begeisterung für die Reparaturen alter Uhren, im Weben schöner Teppiche aus den Fäden abgelegter Kleidungsstücke, was etwas mit der Symbolik der Zeit zu tun haben kann: Aus solchen sinnvollen Interessen, die im Grunde mehr sind als ein Hobby, entsteht das Gefühl eines sinnhaften Tuns und eines sinnhaften Zusammenhangs. Das Sinn-Erleben kann beim Züchten von Bonsais aufkommen, in der bewußten Absicht, etwas zu pflanzen und heranzuziehen, was mich überleben wird, ebenso im Aufziehen von fast unsterblichen Ginkgo-Bäumen, die man in Asien für heilige Bäume hielt und die eine tiefe Symbolik des unbesiegbaren Lebens enthalten. Überhaupt scheint das Gärtnern eine wichtige und tiefsinnige Beschäftigung für viele der „jungen Alten" geworden zu sein, es hält fit, schafft viele momentane Glücksmomente beim Aufblühen der selbst gesäten Blumen, beim Ernten der selbst gezogenen Beeren, und fügt einen ein in den größeren Rhythmus der Natur und des Lebens. Welche ergreifenden Blumen- und Gartenbilder hat der alte Emil Nolde gemalt, welche leidenschaftlichen Georgia O'Keefe, intensivste Farbigkeit und Lebendigkeit, Lebens- und Todessymbolik zugleich, im Spiegel oft einer einzigen, geöffneten, vielleicht überreifen Blüte oder Frucht!

Andere stecken eine besondere Liebe in ein altes, historisches Bauernhaus, dessen Geschichte sie genau kennen und um dessen stilgerechte Renovierung sie bemüht sind, ein ständiges, anspruchsvolles Hobby. Befragt, was das Haus ihr bedeute, antwortet eine solche Hobby-Restauratorin: „Es ist, als habe man an dem Leben früherer Geschlechter Anteil, hier ist alles belebt; es soll auch künftigen Geschlechtern erhalten bleiben."[82] Ähnlich geht es einer Freundin mit alten Bauernschränken. Eine andere Bekannte hat relativ spät in ihrem Leben zwar kein altes, aber ein modernes, architektonisch preisgekröntes Haus erbauen lassen, das sie mit ihrem inzwischen verstorbenen Mann und dem Architekten zusammen entwickelt hat. Auch ein einzigartiger wilder und doch liebevoll gepflegter Garten gehört dazu. Ihre Bemühung, die sie in diesen Jahren sehr erfüllt, ist die Frage, wer dieses Haus in dem ihm zugehörigen Geist weiter übernehmen könne; sie selbst hat keine Kinder, denen sie es vererben könnte. Zu dem Haus gehörten philosophisch-ethische Gesprächskreise, die sie und ihr Mann bis ins hohe Alter hinein anregten und pflegten. Es soll dieses Haus etwas „Über-sie-Hinausreichendes" symbolisieren und in Zukunft verkörpern.

Wenige, aber doch manche finden den Weg zurück in die Glaubensrichtung, in die sie hineingetauft sind und freuen sich an den noch immer erhaltenen alten Traditionen, die sie jetzt im „jungen Alter" viel tiefer verstehen als in der Jugend. Andere entdecken die Meditationspraxis des Buddhismus, des Hinduismus oder des Sufismus, Religionen, in denen das Alter immer seinen Stellenwert hatte und in denen die Tradition der Weisheitssuche im Alter noch besteht.

So gibt es im Buddhismus das Recht der ehemaligen Familienmütter und -väter, dann, wenn die Kinder erwachsen sind, aus Familie und Partnerschaft auszuziehen, um auf die spirituelle Suche zu gehen, sei es pilgernd, als Einsiedler lebend, oder als Glied einer klösterlichen Gemeinschaft.

Dieses Recht hatte auch die aus Berlin stammende Ayya Khema, Familienmutter und Großmutter, für sich in Anspruch genommen, die im Alter – nach einer Entwicklung bis zur Zen-Meisterin hin – zuletzt auch in Süddeutschland ein buddhistisches Meditationszentrum gründete, wo sie, wohlbetagt, 1997 starb. Doch weiß ich auch von einer Mutter halbwüchsiger Söhne, die sich, der katholischen Pilger-Tradition folgend, zu Fuß auf den Weg nach Santiago de Compostela machte, ihres Beraterinnenberufs müde ...

Auch die Stammeskulte mit ihren Schamaninnen und ihrem Ahnenkult können auf ältere Menschen eine neue Anziehung ausüben.

Noch andere „junge Alte", wie eine gute Freundin, engagieren sich für etwas, was weit über ihr Berufsfeld hinausreicht, ein Kinderheim z. B. in Rumänien, das sie sanieren, oder eine Bildungsakademie in Afrika, den Aufbau von Schulen in Mittelamerika oder ein Studienzentrum für die Entwicklung der Frauen in der Ökumene.

Wieder andere, die im Beruf sehr fremdbestimmt und eingeschränkt waren, erleben diese Zeit nach dem Beruf, in der es wieder Muße gibt, um in Buchläden und Bibliotheken so zu stöbern, wie sie es vielleicht in ihrer Jugend taten, als eine viel sinnvoller verbrachte Zeit als die damalige in der Hektik des Berufslebens.

Viele vertiefen sich in die heutige Psychologie und Psychotherapie und verstehen in deren Spiegelung das eigene Leben besser, gerade auch im Blick auf verflossene Partnerschaftsprobleme, aber auch im Blick auf die eigene Individuation, die gerade in der Jungschen Schule, wie wir sahen, im Blick auf die zweite Lebenshälfte überzeugend entfaltet wird. Von diesem Interesse her ergibt sich gelegentlich die Chance und auch der Mut, in diesen späten Jahren noch einmal in eine Psychotherapie einzusteigen, die jetzt vor allem auf die optimale Individuation ausgerichtet sein wird. In den Träumen und Phantasien der „jungen Alten" erscheinen oft die Archetypen der Alten Weisen, aber auch die Schreckfiguren der Greisin und des Greises, der Archetyp des Senex. Ein belebendes Gegenbild, das sich ebenfalls in den Träumen findet, ist das des göttlichen Kindes. Die Beschäftigung mit den Grundsymbolen der Individuation, Quadrat, Kreuz und Kreis, sowie schließlich dem Mandala, auch in Gestalt des Mandala-Malens, des freien Malens und Gestaltens überhaupt, bietet sich für viele Frauen in dieser Lebensphase an. Beeindruckt hat mich in dieser Hinsicht eine Frau um die Siebzig, Medizinerin, die stundenlange Fahrten im eigenen Pkw auf sich nahm, um von ihrem ländlichen Wohnort aus bestimmte Vortragsreihen in Jungscher Psychologie, die in Zürich oder Stuttgart stattfanden, nicht zu versäumen. Und sie ist nur eine unter vielen mit ähnlichen Interessen. Das nicht mehr Zweckgebundene, größere Zusammenhänge Suchende scheint charakteristisch für die sinnstiftenden Interessen der „jungen Alten".

In diesem Zusammenhang möchte ich noch einmal unterstreichen, daß das altersgemäße Über-sich-hinaus-Denken, das ich zu Anfang des Kapitels betonte, keineswegs nur in der Wendung nach außen, sondern auch in der Wendung nach innen geschehen kann, in der Zuwendung zu den uralten Traditionen der Seele, ihren Träumen und Gesichtern, die über das Terrain der individuellen Psyche hinaus die Seelenlandschaft der Menschheit erschließt.

Die wenigsten unter den „jungen Alten" empfinden sich als weniger glücklich als in der Jugend, zweifellos habe es in der Jugend Momente größerer Begeisterung, ja Euphorie gegeben, aber auch mehr der hellen Verzweiflung bis hin zu suizidalen Anwandlungen, vor allem natürlich im Zusammenhang mit Beziehungen.

So äußert sich eine Sechzigjährige: „Wenn man Bilanz zieht: Ich bin sicher jetzt ausgeglichener, manchmal aber komme ich mir auch langweiliger vor; die aufregenden Momente der Jugend, die habe ich nie mehr." Ausnahmen bestätigen die Regel: Eine Freundin, damals 62, war monatelang gefühlsmäßig durchgeschüttelt, als es darum ging, ob ihr jahrelanger, jüngerer Freund, von dem es eine Trennung gegeben hatte, vielleicht doch zu ihr zurückkehren würde: „Nichts kann mir diese Beziehung ersetzen", stöhnte sie, „ich habe alles an Ablenkung versucht, alles mir sonst noch Wichtige aufgeboten, von dem es wirklich einiges gibt. Doch das ersetzt ihn nicht. Wir können uns so viel geben, körperlich, aber auch seelisch, wir mögen uns so sehr: Nichts ersetzt mir das." Er kam zurück.

Eine große Befriedigung bieten Altersfreundschaften gegengeschlechtlicher und auch gleichgeschlechtlicher Art, manchmal zieht man zusammen, manchmal behält man auch „weise" zwei getrennte Wohnungen bei nach dem Vorbild des lebenslangen Paares Simone de Beauvoir und Jean Paul Sartre. Die Selbständigkeit des Lebensstils ist den jungen Alten bei aller Sehnsucht nach Geborgenheit überaus wichtig. Manche Freundinnen ziehen auch für bestimmte Zeiten zusammen, leben ein Stück gemeinsam.

Monika, eine geschiedene Frau, von der Eva Jaeggi berichtet, äußert sich diesbezüglich so: „Ich habe eine sehr lange Zeit in meinem Leben gedacht, Männer müßten für mein psychisches Wohlergehen sorgen, und ihre Anerkennung verschaffte mir Selbstwert ..." – und zieht heute das Fazit: „Dieser ganze Plunder liegt nun hinter mir ... Ich betrachte keinen mehr als Lebensretter."

## Weisheit

Ein Stück Altersweisheit kann sich auch darin verbergen, daß man es nun besser versteht, mit den eigenen Grenzen umzugehen und seine Fähigkeiten realistischer einzuschätzen: „Der ganz große Wurf wird mir nicht mehr gelingen, aber das ist auch nicht mehr so schlimm."

Was könnte denn diese Stückchen „Weisheit" sein, was wir in diesen Jahren erleben können? Ich zitiere aus dem Briefwechsel zweier Freundinnen: „Bei meinem Nachdenken über uns, die über die Fünfzig hinaus sind, fiel mir immer wieder ein, daß es nun vielleicht darauf ankomme, auch seinen Frieden mit dem zu machen, was eben nicht sein konnte in unserem Leben. Da gibt es auch viel in meinem Leben, was ich gewiß auch betrauere: z.B. kein Kind, kein Enkel, kein Klavier! Das letztere allerdings betrauere ich mit Maßen, denn dafür habe ich ja Dich, die wunderbar spielt. Zu unserer veränderten Einstellung gehört vielleicht auch, daß wir so manche Delegation, die sowieso überdeutlich ist – Klavierspielen lasse ich durch Dich –, mit ungetrübtem Vergnügen stehen lassen können, nachdem wir uns ein halbes Leben lang redlich darum gemüht haben, Delegationen und Projektionen möglichst zurückzunehmen. Ja, laß uns unsere sturmerprobte Freundschaft noch ein wenig genießen, laß uns noch am Wasser entlang gehen, so lange es fließt und solange uns unsere Füße tragen. Ich meine, daß das Stückchen „Weisheit", das wir in diesen Jahren bekommen, darin bestehen könnte, das Jetzt auszukosten wie vielleicht nie zuvor, zu halten, was uns gegeben und loszulassen, was uns nicht oder nicht mehr gegeben ist. Auch die Fähigkeit zum Verzicht auf das, was nicht hat sein können, was sich nicht hat fügen wollen, gehört für mich dazu. Und ich wünsche mir diese Fähigkeit, ohne Groll. So versuche ich selber auch z.B. mit Astrologie umzugehen im Blick auf das, was mir vom Geburtshoroskop her vielleicht schwer gemacht, vielleicht versagt ist: Nun denn, denke ich heute und versuche es in ein „amor fati" (Spinoza) zu verwandeln, in Liebe zu diesem meinem Schicksal. Statt des Versagten gewann ich anderes, womit ich nie gerechnet hätte."

Weisheit scheint mir vor allem darin begründet zu sein, sich auf den Archetyp der Weisheit beziehen zu können, wie er in Träumen, aber auch in der Weisheitstradition der Märchen und Mythen sichtbar wird. In den Märchen lebt die weise Alte in enger Naturverbundenheit, weiß um Heilkräuter und -tränke, weiß um Gesetze und Rhythmen des Wachstums, des Mondes und Meeres, auch um die rechte Zeit für Zuwarten oder Handeln. Aus großer Lebenserfahrung heraus gewinnt sie die Intuition und Weisheit des Herzens, die sie oft erahnen läßt, wie die Schicksalsfäden verlaufen werden, aber auch wie man sie behutsam verändern kann. Hildegard von Bingen hatte in ihren Sechzigern visionäre Bilder der „Frau Weisheit", wie sie in grünem Mantel im Zentrum des Kosmos thront und ihn von innen her durchwaltet. Die alte Weise der Märchen braucht es nicht mehr, gebraucht zu werden. Sie hat den Mut zu ihrem eigenen Leben, wie die köstliche „unwürdige Greisin" in einer Geschichte bei Berthold Brecht. Nur wenn jemand ihren Rat sucht, sie aufsucht, dann ist sie bereit, anderen mit ihrer Kompetenz und Intuition zur Seite zu stehen. Den Weg gehen müssen die jungen Menschen selbst. Diese Einstellung und Haltung wird in all denen belebt, die z. B. von der alten Weisen träumen und sich innerlich auf sie beziehen. Es geht nicht darum, die alte Weise „zu werden" – eine solche Absicht könnte sich leicht mit dem Autoritätsgehabe und der Rechthaberei, die dem Alter auch nicht fern ist, verbinden. Es kommt vielmehr darauf an, sich mit dem Archetyp der alten Weisen, der schon seit jungen Jahren konstelliert sein kann, nun tiefer zu verbinden, sich tiefer auf ihn zu beziehen. Wollten wir selbst die alte Weise sein, gäbe uns die Warnung aus dem Proverbienbuch der Bibel zu denken: „Dünkt sich einer weise zu sein – für einen Toren bestünde mehr Hoffnung als für ihn." Wenn andererseits Neugeborene, wie oft erwähnt, in den Träumen der Frauen um fünfzig oder sechzig erscheinen, dann deutet das darauf hin, daß auch der Übergang, in dem sie sich jetzt befinden, als eine „Neugeburt weiter ins Leben hinein" verstanden werden kann. Es geht um Gelassenheit angesichts der Endlichkeit des Lebens und der Verluste, die uns betreffen können, aber nicht um ein vorschnelles Aufgeben, sondern um ein „schöpferisches dem Entgegentreten, ein Gestaltenwollen des Möglichen angesichts der kürzer gewordenen Lebenszeit" (Kast).

Viele empfinden sich als gleichmütiger im Vergleich zu früher, auch können sie die Vorwürfe anderer gelassener ertragen: „Ich lasse jetzt die Probleme bei dem oder bei der, die sie haben, und ziehe mir das nicht mehr alles selbst an."

So viel ist es gar nicht, was sich bei den meisten in der Lebensgestaltung im Vergleich zu früheren Phasen geändert hätte. Was anders geworden ist, ist die Einstellung zu den jeweils typischen Problemen und Schwierigkeiten. Hat nun das Wissen, die ständige Weiterbildung, auf die manche Altersforscher so großen Wert legen, eigentlich etwas mit der Form von „Weisheit" zu tun, die wir, ungeachtet der Verlegenheit so vieler „junger Alter" angesichts dieser Vorstellung, dennoch nach wie vor für eine der schönsten Möglichkeiten des Alters halten?[83] Weisheit definieren wir jedenfalls als etwas anderes denn als „Funktionswissen", definieren sie gleichsam als eine Form von „entgrenztem Wissen" (Alois Hahn), das aus einer Verschränkung von Wissen, Leben und Handeln besteht und eine gewisse Nähe zum sogenannten „Heilswissen" hat, auch wenn es nicht damit identisch ist. Es hat gewiß nichts mit Vielwissen, mit Besserwissen zu tun, sondern besteht in einer Beschränkung auf das für mich Wesentliche und damit zugleich einer Entgrenzung von allzu engem Fachwissen und allzuviel Spezialistentum.

So äußert sich jemand, in dessen Leben bisher die Informatik eine große Rolle gespielt hat, folgendermaßen: „Ich merke, wie ich bei mir selbst bestimmte Denkmuster verändere, indem ich sie einordne in die Geschichte. Natürlich kann ich mich nicht herausziehen aus der Welt – aber ein wenig schwebe ich dann doch darüber ..."

Ida, die seit der Zeit ihrer Pensionierung noch eine ungleich intensivere Gärtnerin ist als zuvor, sammelt nun Wissen über bestimmte Pflanzen-Arten und stellt fest: „Es ist schon sehr komisch zu denken, daß der Mond solchen Einfluß auf uns hat", sagt sie, „da fühle ich mich im Weltall sofort besser aufgehoben."

Im Jahr nach dem Tod ihres Mannes habe sie, so erzählt eine Physikerin, im Beobachten der Sternenhimmels völlig neue Bezüge und auch Trost gefunden. Der eindrucksvolle neue Komet des Jahres 1997 habe sie das Staunen gelehrt – sie habe ihn an jedem Abend, an dem er zu erkennen war, lange beobachtet.

Diese Neugier, die Fähigkeit zur Neudefinition des Lebenssinnes ist das, was die ‚jungen Alten' der befürchteten Unbeweglichkeit des Alters entgegensetzen. Sie läßt sich allerdings nicht erzwingen. Von dieser kreativen Neugier, die nicht versteinern läßt, sind viele von denen erfüllt, die eine Beschäftigung mit Dingen, die außerhalb der eigenen Person liegen, kennen und lieben, die für sich selbst nicht das einzige Interessengebiet sind, obgleich sich immer wieder zeigt, was gerade auch die objektiven Wissensgebiete mit der, die sie wählt, zu tun haben: inwiefern sie zur Erweiterung des eigenen Weltverständnisses im Sinne von Altersweisheit beitragen.

Andererseits kann in diesem Alter, wir deuteten es schon an, das Interesse an der eigenen Person eine gleichsam „objektive Dimension" erlangen, die das gerade Gegenteil von Egozentrik wäre: Indem ich die Botschaften der Psyche, z. B. die der Träume und Intuitionen zu beachten lerne, gewinne ich Einsicht in die überpersönlichen Konstellationen der Psyche in unserer Zeit, gewinne ich letztlich teil an der „anima mundi", an der „Seele", dem „Herz" der Welt. – Außerdem ist es einfach spannend, seine eigenen Träume über einen längeren Zeitraum hin zu verfolgen, niederzuschreiben und so seiner eigenen Entwicklung auf der Spur zu bleiben, sie sogar zu dokumentieren. Im folgenden Kapitel können wir die Traumfolge einer Frau zwischen ihrem 52. und 56. Lebensjahr mitvollziehen und darin vielleicht die eigene Entwicklung gespiegelt sehen.

Was allerdings verlorengehen kann im fortschreitenden Alter, ist die in unserer Gesellschaft so hoch geschätzte ‚Autonomie' im Sinne einer freien Verfügbarkeit über das ganze in mir angelegte Potential an Fähigkeiten und über den aktiven Umgang damit, der Unabhängigkeit von jeder fremden Hilfeleistung bedeutete, ja den Verzicht auf Beistand. Im Alter aber geht schrittweise diese Form von Autonomie, die sich bei näherem Zusehen als eine sehr männlich geprägte Vorstellung erweist, zugrunde. Alter kann rezeptiv, passiv, regressiv sein – damit verbindet es sich aber mit traditionell weiblichen Werten: „Alter ist weiblich", formuliert Eva Jaeggi kühn[84] und fügt hinzu: „Die noch immer herrschende Verachtung der Weiblichkeit in ihren stillen, regressiven Aspekten wird umstandslos auf das Alter übertragen."[85] Könnte man jedoch „Autonomie" nicht auch anders definieren als ausschließlich im männlichen Kontext? Voraussetzung hierfür wäre gewiß die Rückgewinnung einer Spiritualität im Sinne jenes „Über-sich-hinaus-Denkens" oder mehr noch „Über-sich-hinaus-Seins", von dem wir schon sprachen. In fernöstlichen Traditionen, aber auch in indischen oder afrikanischen, spricht man dem alten Menschen, der alten Frau, eine neue Art von Autonomie, verbunden mit hoher Würde, zu: Sie gilt als befähigt, mit Gottheiten, Geistern und Ahnen zu verkehren, sie ist in diesem Alter so autonom wie in keinem anderen, befähigt zum Umgang mit Spiritualität, in der Vermittlung von geheiligten Stammestraditionen, von heilendem Wissen und heilendem Tun. Es spielt selbstverständlich keine Rolle, wie ahnsehnlich von Angesicht, wie „fit" oder auch wie gebrechlich eine solche Vermittlerin zu Höherem ist, im Gegenteil, manche der Schamaninnen innerhalb der Stammeskulturen sind darauf bedacht, besonders unansehnlich, ja abstoßend aufzutreten, um das Andersartige, das Fremde zu betonen, in dessen Dienst sie sich stellen. Anstatt auf schlußfolgerndes Denken und Gedächtnis, deren Fitness im Alter bei uns einen der höchsten Werte darstellt, kommt es hier auf die Fähigkeit zur Sammlung, zur Meditation und zum Gebet an. Die spirituelle Dimension wird zweifellos von den Frauen dieses Alters auch in unserer Generation wieder entdeckt und gelebt. Ich denke noch einmal an Ayya Khema, die ehrwürdige Meditationslehrerin und -meisterin, die seit Jahren einem Krebsleiden trotzt in ihrem hingegebenen Dienst am spirituellen Leben; ich denke ebenso an Elisabeth Kübler-Ross in ihrer lebenslangen Arbeit in der Begleitung Sterbender, in der sich ihr im Alter immer mehr die spirituelle Dimension erschloß; ich denke an Dorothee Sölle, die mutige, politische Kämpferin auf dem Boden einer emanzipatorischen Befreiungstheologie, die nun im Alter ein Buch über Mystik schreibt und sich so zu der Mystik, die ihr Leben lang ihre spirituelle Basis war, eindeutig bekennt. Mystik im besten Sinn steht auch hinter ihrer bemerkenswerten Aussage[86], daß es zur Voraussetzung jeden ökologischen Denkens gehöre, zunächst in die eigene Sterblichkeit einzuwilligen, die wir mit allen Lebewesen teilen. Die Ökologie und Ökonomie der Schöpfung erwarte von einem jeden lebenden Wesen, eines Tages einem neuen Raum zu geben, Platz zu machen für den Fortgang des Lebens. Nicht nur die Freiheit zu neuen Fähigkeiten, der Mut zu etwas, sondern auch das Freisein von etwas, z. B. das Freisein von fesselnden Begierden, könne im Alter als Gewinn verbucht werden, so sehen es schon die griechischen Philosophen. Die Freiheit von blinden Leidenschaften, die das Alter auszeichnen kann, sahen bereits die Pythagoräer, Platoniker und Stoiker als Basis jeder echten Autonomie an, worin ihnen christliche Philosophen später folgten.

Auch von der feministischen Position her ließe sich eine neue Autonomievorstellung für das Alter darin begründen, daß wir den weiblichen Qualitäten des Alters wieder mehr Ehre zukommen ließen, damit wäre vielleicht auch die Angst vor dem Alter etwas gemildert. Im Alter brauchen wir Frauen weniger den Kampf um das sich entziehende Leben, als vielmehr das Loslassen und die Hingabefähigkeit an das größere Ganze, das uns auch im Welken und Sterben umfaßt und birgt. Für mich ist dieses „größere Ganze" oder „das Leben selbst" eine religiöse Kategorie. Alter bedarf der Liebesfähigkeit zu etwas über sich selbst hinaus, der Generativität, das Alter braucht ein Sich-Zurückstellen, Zurücknehmenkönnen, die Fähigkeit zu liebevollem Verzicht, damit das größere Leben sich entfalten könne, auch durch die Entfaltung derer, die nach uns kommen. In unsere Sterblichkeit einzuwilligen, sei die Grundeinsicht jedes ökologischen Denkens, so sagte Dorothee Sölle, wie schon erwähnt, in dem eindrucksvollen Dialog mit einer Inderin, die ihrerseits für eine umfassende Mütterlichkeit im Umgang mit dem Leben plädierte: auch dies aus der Position der wissenden Frau dieser Altersphase, von der wir hier sprechen, gesagt. Mütterlichkeit im Umgang mit dem Leben: Das schlösse auch eine Mütterlichkeit im Umgang mit sich selbst als alterndem Menschen ein. Es darf auch eine gütige Nachgiebigkeit dabei sein, ein Erbarmen mit den nachlassenden Kräften, ein gelegentliches Sich-Fallenlassen – und wenn wir mütterlich mit uns umgehen, uns selbst eine Mutter, eine Schwester werden, dann lassen wir uns dabei nicht in die Resignation, sondern in ein großes Vertrauen fallen, wie es der Großen Mutter Leben, der wir alle entstammen, entspricht.

Lao-Tse, ein männlich-mütterlicher Geist, sagt im Tao-Te-King:

„Wer seinen Ort nicht verliert, wird nicht untergehen.
Wer stirbt, ohne sich selbst aufzugeben,
bleibt ewig ein Teil des Lebens."

## Ritual für eine Frau im Übergang zum Alter

In folgendem Ritual, das Rosemary Radford Ruether gemeinsam mit nordamerikanischen Frauen zum 70. Geburtstag einer bestimmten Frau unter ihnen, Janet Kalven, einer der Geburtshelferinnen der sogenannten „Frauenkirche", gestaltet hat, sollen zunächst auch „die negativen Assoziationen, die sich in unserer Gesellschaft mit dem Bild der alten Frau verbinden, ins Bewußtsein geholt und ins Positive transformiert werden."[87] Auch Rosemary Ruether weist darauf hin, daß mit der Gestalt „der alten Hexe" – einer Gestalt der Frauen-Geschichte wie auch des Märchens – ursprünglich die „weise alte Frau" gemeint war, die durch ihre lange Lebenserfahrung profundes Wissen angesammelt hatte, das sie an die Jüngeren weitergab. Die vorgeschlagene Liturgie kann samt allen möglichen individuellen Varianten irgendwann zwischen dem 60. und 70. Lebensjahr unter Frauen zelebriert werden.

*Einleitende Musik*

„Wir weben einen Kreis um Janet", mit diesem oder auch mit einem anderen passenden Lied eröffnen die teilnehmenden Frauen die Feier: während sie sich im Kreis niedersetzen und sich bewußt auf die Gemeinschaft sammeln. Es folgt die einleitende Erklärung, etwa mit folgenden Worten:

„Heute wird Janet als weise Frau gefeiert. Wir knüpfen damit an die alte weibliche Tradition der Verehrung der weisen Frauen an. Eine Frau muß lange gelebt haben, um Weisheit zu erwerben."

*Das Weben des Kreises*

*Zuspruch*

Die Frauen sprechen Janet die folgenden Worte zu: (in einer freien eigenen Übersetzung):

„Steh im Vertrauen und wage, dich zu unterscheiden.
Frauen, die sich verändern, leben die Alternative ...
Janet hat die Alternative gelebt,
sie hielt an ihrem Standpunkt fest,
sie sagte ihre Meinung.
Sie schritt voran ...
Frauen können die Unterscheidung leben.
Janet hat die Alternative gelebt.

*Anrufung*

„Wir weben diesen Kreis mit dir und um dich, Janet;
du hast die machtvolle Vision der Gerechtigkeit,
die von Christus ausging,
der Gerechtigkeit für die Machtlosen, die Kranken, die Unterdrückten, die Frauen
mit deinem Leben bestätigt.
Göttin/Gott in unserer Mitte, schütze Janet, die dich immer liebte ..."

„Eines der Probleme, die wir in diesem Kreis ansprechen, ist ein Tabu-Thema, dem Janet nicht ausgewichen ist: Janet befaßte sich mit dem Problem des Alterns in unserer altersfeindlichen Gesellschaft. Menschen, die alt werden, müssen mehr Wahlmöglichkeiten zur Verfügung haben, als es heute der Fall ist, damit sie in ihr Altsein hineinwachsen und es positiv erleben können. Janet hat mit viel Mut darum gekämpft, daß die Gesellschaft die Stimme der Alten in ihrer Mitte hört."

Hier wird Bezug genommen auf Janets Lebensarbeit, das den Problemen der Frauen, speziell auch der alternden Frauen, gewidmet war, die sie in Politik und Kirchen engagiert vertrat.

Es folgt wieder eine Anrufung: diesmal der vier Elemente.

„Geist der Luft, Geist des Feuers, Geist des Wassers,
Geist der Erde,
kommt und schließt euch der Feier für eure Verbündete an.
Janet pflanzt und hegt
eure Blumen, Kräuter und Bäume.
Sie freut sich eurer Fülle,
sie verteidigt eure Lebensquellen.
Geist der Luft, komm zu uns.
Geist des Feuers, komm zu uns.
Geist des Wassers, komm zu uns.
Geist der Erde, komm zu uns.
Erfüllt und erneuert Janet mit eurer Kraft.
Erfüllt und erneuert auch uns."

Die Anrufung der vier Elemente ist einer indianischen Tradition entnommen, die am Weltgebetstag der Frauen durch alle Länder der Ökumene ging und mit viel Enthusiasmus aufgenommen und angeeignet wurde.

Lesung: Janet gehört einer Vereinigung katholischer Frauen an, die sich „Grail" (Gral) nennt und die sich für die Vermittlung von Frauenrechten vor allem in der Kirche einsetzt.

Bei ihrer Feier soll auch eine Bibellesung nicht fehlen. Gewählt wurde der Text Jesus Sirach 51, 12ff., ein Text, der von der das ganze Leben erfüllenden Suche nach Weisheit spricht:

„Schon als ich jung und noch nicht weit herumgekommen war, suchte ich offen und ehrlich die Weisheit; in meinem Gebet am Tempel bat ich darum, und ich will sie bis an mein Ende suchen. Mein Herz freute sich über sie von ihrer Blüte an, bis ihre Trauben reiften. Ich ging geradewegs zu ihr und forschte von Jugend auf nach ihr; ich hörte auf sie und nahm sie an. Da lernte ich viel und hatte reichlichen Gewinn."

Zum Abschluß: Das Weitergeben der Weisheit

Zum Schluß wurden Passagen aus Janets Schriften gelesen, dem sich Zeugnisse aus der Lebensweisheit der Mitfeiernden anschlossen. So fand ein Austausch und Weitergeben solcher Erfahrungen statt, in denen „Weisheit" erlebt werden konnte. Zum Abschluß wurde nochmals das Eingangslied gesungen.

# Gelebte Transformation

## *Die „gewandelte Frau“ in einer Traumserie*

Die Wandlungen, die eine Frau in den Jahren, von denen wir sprechen, durchmacht, bis sie zur „gewandelten Frau“ geworden ist, spiegeln sich in der Traumserie, die mir eine befreundete Frau zur Verfügung stellte. Es ist eine bewußte Auswahl aus einer noch viel reicheren Serie von Traumbildern, die in ihrer Fülle und Lebendigkeit auch das mächtige Gefälle anzeigt, das die Entwicklung dieser Frau im entsprechenden Zeitraum von etwa fünf Jahren nimmt, zwischen ihrem 52. und 56. Lebensjahr. Nach schwerem Ringen um ihren persönlichen Weg hat Frau E., eine ehemalige Laborantin, in dieser Zeit ihre Kreativität wiederentdeckt. Sie schreibt: „An dem Tag habe ich eine Phantasiefigur erfunden und in vielen Situationen gemalt.“ Nun träumt sie „nach einem glücklichen Maltag“ den Traum von den beiden Wölfen, den ich in ihrer eigenen Formulierung wiedergebe:

### *Die beiden Wölfe*

*Eine große Gesellschaft im Freien. Die Eltern sitzen getrennt, jeder an einem anderen Tisch, mit vielen Leuten zusammen. Ich sitze in einem sehr großen Kreis am Boden, auf der Erde. Ab und zu kommen – wie zugeteilte Spielkarten – besondere Gestalten auf uns zu.*

*Nun also: zwei Wölfe! Die kommen direkt auf mich zu. Zwei hellbraune Wölfe. Ich weiß: Die sind gefährlich, die sind keine zahmen Haushunde, mit denen man sofort schmusen kann. Auf keinen Fall darf ich jetzt die Panik kriegen und Angst ausschwitzen, was die ja sofort riechen würden. Aber warum auch? Ich sitze also auf der Erde, dadurch ist mein Kopf niedriger als der der Wölfe. Ich lächle ihnen entgegen und sage: „Wißt ihr, ich wollte mir gerade was zu essen holen." Ich halte dem einen Wolf mein Gesicht entgegen, da reibt er seinen Kopf an meinem Gesicht und brummt so was wie: „Na?"*

Frau E. schildert das Gefühl, das sie mit dem Traum verbindet: „In mir ist ein unglaubliches Glücksgefühl! Und dann stehe ich auf und will das unbedingt Vater erzählen."

Frau E. kommentiert den Traum und fügt die folgenden Assoziationen an: „Daß ich auf der Erde sitze, ist in Ordnung. Das hat nichts mit Rangordnung zu tun, sondern mit ‚Natur', jedenfalls habe ich das bessere Teil erwählt. Es ist schön auf der Erde. Denn zu mir kommen die Wölfe! Nicht wie in früheren Träumen als krankes, leidendes, schwaches Haustier, auch kein gesundes oder kindliches Welpchen, überhaupt kein Haustier, sondern ein wildes Tier – und gleich zwei!

Mir ist die Gefahr bewußt. Trotzdem bin ich – mit Vorsicht – zärtlich und unerschrocken. Das Vertrauen des Wolfes macht mich ungeheuer glücklich.

Am Tag habe ich eine Phantasiefigur erfunden und in vielen Situationen gemalt. Stehen die Wölfe auch für Kreativität, für ungezügelte Phantasie?

Wenn ich nur ruhig auf der Erde sitze, kommt das Wunderbare auf mich zu. Es kann durchaus gefährlich sein, aber es tut mir kein Leid. Wenn ich wach und bescheiden bleibe, ist das Außerordentliche freundlich zu mir."

In diesem Traum wacht die „Wolfsfrau" in ihr auf, die einem Archetyp der freien, naturverbundenen Frau entspricht, der lange Zeit, obgleich ihrem Wesen zugehörig, durch Frau E.s Verfangensein in den Erziehungsmustern ihrer Eltern blockiert war und nicht zum Tragen kommen konnte. Die Eltern tauchen hier tatsächlich im Hintergrund auf, jedoch an Tischen sitzend und auch voneinander getrennt, unterschieden. Der ehemalige „Elternkomplex", der sie bis dahin – wie sie selbst meint – beherrscht hat, ist nicht mehr im Vordergrund, ist vielmehr durchgearbeitet und differenziert: Die erneute Durcharbeitung des Elternkomplexes ist eine Aufgabe, die nicht nur bei Frau E., sondern bei allen Frauen zu Beginn der Lebensmitte noch einmal ansteht. Sie, die Träumerin selber, sitzt dagegen am Boden, bodennah in einem großen Kreis von Menschen. Es geht also mehrere an, was hier geschieht. Jetzt also kommen zwei Wölfe auf sie zu, „zugeteilt wie Spielkarten" – was besagt, daß das Erscheinen jener archetypischen Figuren innerlich „dran" ist. Was im Traum in Doppelheit erscheint, ist wie in der Wirklichkeit unübersehbar: Oft erscheinen neue Traum-Gestalten in verdoppelter Weise, so wie an den Eingangstüren oft zur rechten und zur linken je eine Figur, etwa eines Löwen, angebracht ist. Hier aber sind es Wölfe! Der Wolf, von dem unser domestizierter Hund sich ja herleitet, ist ein wildes, freilebendes, wenn auch zähmbares Tier – eine Bekannte zog einen Wolf auf und lebte mit ihm, als er sich ihr eng anschloß, wie mit einem Haustier. Die Träumerin weiß von seiner Wildheit, respektiert sie und weiß doch auch, daß das Verhalten dieser Wildtiere ganz von ihrem eigenen Verhalten bestimmt sein wird. Sie stellt sich nicht über sie, läßt sich auch nicht von Angst beherrschen, sondern bietet ihnen, durch ihre sitzende Haltung am Boden sogar „unter ihnen" erscheinend, durch ihre ungeschütze Gebärde ein Vertrauen an, das die Wölfe vertrauensvoll erwidern. Ihre offene Zuwendung löst den Bann, der ihr bisher die inneren Wölfe angstvoll fernhielt, und ermöglicht Frau E., ihre bisher verdrängte Wolfsseite, die ‚Wolfsfrau' in ihr selbst, zuzulassen, gewissermaßen zu integrieren – eine Erfahrung, die ein ungeheures Glücksgefühl in ihr auslöst. Sie will davon noch im Traum „unbedingt ihrem Vater erzählen", dessen streng christliche Erziehung – wie sie vermutet – wohl an der Verdrängung der Wolfsfrau in ihrem bisherigen Leben beteiligt war, der jetzt aber verändert, nämlich alt, schwach, ja gütig geworden ist. Eine erneute Ablösung und doch liebevolle Rückverbindung zum alt gewordenen Vater hat offenbar stattgefunden: typisch als eine Konsequenz der Autonomieentwicklung vieler Frauen in der Lebensmitte.

Subjektstufig betrachtet bedeutet dieses Geschehen, das ja inmitten eines großen Kreises von Mitbeteiligten stattfindet, daß sehr viele innere Anteile der Träumerin von diesem befreienden Geschehen mitbetroffen sind, während es, objektstufig betrachtet, auch darauf hinweist, daß „ein ganzer Kreis" von Menschen, Frauen zumal, heute von diesem Wiedererwachen des Wolfsfrau-Archetyps betroffen ist, der eine erneute Ablösung vom kollektiven Vaterkomplex bedeutet. Der Vorgang ist charakteristisch vor allem als Entwicklung in der zweiten Lebenshälfte.

### *Die gefesselte Schlange*

Nach dem Wolf erscheint fast ein Jahr später die Schlange, ebenfalls ein uraltes, großes Wandlungs-, Heilungs- und Weisheitssymbol, das, gemäß der Gefährlichkeit der Schlange für den Menschen, auch ambivalente Symbolik wie Todes- und Sündensymbolik enthält, so vor allem in der Bibel, und das somit zu den Symbolen gehört, die durch Frau E.s christliche Erziehung unterdrückt und besonders angstbesetzt sind. Ich gebe auch diesen Traum in Frau E.s eigener Formulierung wieder:

*„Ich fahre mit dem Bulli (ein großer bulliger Geländewagen) in eine große Schule. Es werden da viele Kurse angeboten. Ich habe einen Kurs belegt, möchte aber gleichzeitig auch einen anderen machen und stehe unschlüssig in diesem anderen Raum herum.*

*Hinten im Auto habe ich eine Riesenschlange. Die soll zum Arzt gebracht werden, der ist noch nicht da. Vielleicht soll sie auch vorgeführt werden. Jedenfalls ist eine Wartezeit zu überbrücken. Ich öffne die hintere Autotür, da saust die Schlange erst mal ins Freie. Ich fange sie. Sie ist gewaltig groß. Von anderen lasse ich mir helfen, sie mir um die Hüften zu legen. Sie wird mit Schnüren und Schlingen festgebunden. Sie ist mir nicht unangenehm! Ich habe nur große Angst, daß sie mich in den Hals oder ins Gesicht beißt. Ich streichele ihr Gesicht, halte sie aber zugleich von mir weg und viel zu fest.*

*Ich möchte sie in ein leeres Klassenzimmer bringen, aber das darf ich nicht. Eine nette Frau kommt und spricht mit der Schlange. Und die Schlange sagt zu der Frau: „Kann ich denn nicht endlich frei werden?" Die Frau versteht das gut. Ich auch. Ich denke, ich könnte es der Schlange ja leichter machen, indem ich sie lockerer hielte – aber die Angst ist doch größer. Die Schlange sprach – trotz ihrer Größe – mit einer hellen, sanften Stimme!"*

Auch hierzu schildert Frau E. ihr Gefühl: „Sehr traurig, weil ich es nicht fertigbrachte, Vertrauen zu haben. Vermutlich hätte ich ihre Freundschaft gewinnen können, und sie hätte mich nicht gebissen."

Dann bringt Frau E. ihre Einfälle zu Papier: „Zuerst einmal die beiden Kurse: Ich kenne die Unentschiedenheit, soll ich malen oder schreiben? Beides – das verbietet mir die Zeit (wir sind mittlerweile mitten in der Haussuche und ziemlich im Streß).

Die Schlange gibt mir eine Menge Rätsel auf. Früher waren Schlangen ein Grauen für mich, ich konnte kein Foto ansehen, auch nicht im Tierbuch. Diese im Traum war mir nicht unangenehm. Ich hatte einfach nur Angst. Was ist Schlange? Sexualität, Mütterlichkeit, Ambivalenz von Leben und Tod, Erneuerung? Veränderung? Oder alles zugleich? Das angespannte Leben macht es mir unmöglich, Sexualität zu leben. Ich bin gespannt und verschlossen und völlig lustlos. Gott sei Dank wendet mein Mann niemals Gewalt an ...!

Also: Etwas in mir ist sehr stark und will frei werden. Ich aber habe Angst davor und halte es zu fest. Nehme sogar fremde Kraft zu Hilfe – den Bulli – und bin wie ein Bulli unsensibel. Ich wünschte, ich könnte freundschaftlich mit ihr umgehen, fühle auch Mitleid. Aber die egoistische Angst ist größer.

Angst, daß sie mich beißt und auch noch ins Gesicht, was dann jeder sehen könnte. „Kann ich denn nicht endlich frei werden", fragt sie mit heller, sanfter Stimme. Sie ist gewiß sehr liebenswert. Wo ist die „nette Frau" in mir, die mit ihr zu sprechen wagt?

Im Fond des Autos von Frau E., eines großen, bulligen Landrovers, ist auf einmal ein riesiges „Schlangenexemplar" mit von der Partie; die Schlange fährt mit bei Frau E.s Suche nach den rechten Kursen zur Entwicklung ihrer Kreativität, bei der sie noch schwankt zwischen einer Weiterentwicklung im Malen oder im Schreiben.

Aber die Schlange ist offenbar krank. Die Schlange, das ehemalige Begleit- und Symboltier des Heilgottes Asklepios, muß nun selbst zum Arzt. Ihre bisherige Existenz als ein im Fond des Wagens eingesperrtes Wesen hat sie möglicherweise krank gemacht! Wie stark die Freiheitssehnsucht dieser Schlange ist, zeigt sich daran, daß sie, kaum daß Frau E. die hintere Autotür öffnet, entweicht. Andererseits ist Frau E. mutig und fähig genug, sie rasch wieder einzufangen. Nun geschieht etwas Eigentümliches: Frau E. läßt sich, unter Mithilfe anderer, diese Schlange um die Hüften legen. Damit wird diese Schlange an Frau E. festgebunden, gefesselt – aber dadurch unentrinnbar an sie gebunden, ja mit ihr verbunden. Sie ist noch nicht frei, aber ungeheuer nah bei Frau E., die noch immer fürchtet, von der Schlange in Hals oder Gesicht gebissen zu werden. Frau E. hält sie fest, hält sie von sich weg und streichelt sie doch! Sie ist ihr nicht unangenehm.

Im leeren Klassenzimmer – im Raum des Lernens –, wohin Frau E. die Schlange bringen will, ist sie vorerst noch immer unerwünscht, gewiß wegen ihrer Gefährlichkeit, doch gibt es hier „eine nette Frau" im Traum – also auch in Frau E. selbst –, die mit der Schlange zu sprechen vermag. So erfährt sie auch von der Schlange, die mit heller, sanfter Stimme wie ein menschliches Wesen zu ihr spricht, deren Herzenswunsch: „Kann ich denn nicht endlich frei werden?" Wie Frau E. selbst ahnt, geht es um die in der zweiten Lebenshälfte mögliche endliche Befreiung der Schlangenkraft, die von der Sexualität bis zur Heil- und Weisheitskraft reicht, gewiß aber auch eine Auseinandersetzung mit dem Todesaspekt des Lebens einschließt. Harmlosigkeit wäre der Schlange gegenüber fehl am Platze.

„Das könnte ein Schlüsseltraum für alle meine Hitzen sein", schreibt Frau E., „so viel Muß und nie ein Mut zum Nein!" Was die Hitzen der Wechseljahre ausdrücken, ist in jedem Fall ein ‚Ungleichgewicht', primär des Hormonhaushalts, des Kreislaufs, sekundär aber und synchron dazu auch des psychischen Kräftehaushalts: Frau E. hat bisher zu wenig auf ihre Autonomie geachtet, war statt dessen überaus hilfsbereit und einsatzwillig für andere, auch für ihren Mann. Das bekommt der sich wandelnden Frau auf die Dauer nicht mehr. Ein neues Kräftegleichgewicht will sich durchsetzen, das beginnt mit dem inneren Protest gegen das Alte, der den folgenden Traum hervortreibt:

*„Ich muß meine Cousine C. vom Bahnhof abholen und irgendwo hinfahren. In einer Stunde muß ich aber auch die Eltern aus dem Urlaub abholen und vorher die Wohnung dafür herrichten. Außerdem spuckt aus einem Faxgerät unablässig Papier: Botschaften von den Eltern, die ich seit drei Wochen stapele, ohne sie lesen zu können. Lauter ‚Muß' ... Ich fühle mich elend, möchte nein sagen, traue mich nicht."*

Frau E. fügt hinzu: „Beim Niederschreiben sofort wieder große Hitze!" Sie empfindet diesen Traum als einen Schlüsseltraum für die Hitzewallungen dieser Jahre, die sie mit einer Überwältigung von dem, was sie muß und dem fehlenden Mut zum Nein in Verbindung bringt. Auch zu diesem Traum fügt sie ihre Assoziationen an: „Meine Cousine ist der personifizierte Masochismus. Daß ich sogar ihr noch dienen muß, zeigt, wie tief mein eigener Selbstwert abgesunken ist!

Die Eltern haben Macht. Ihre Wünsche sind Gesetz.

Und das Faxgerät spuckt unentwegt Botschaften, die ich schon gar nicht mehr lesen kann. Die Situation ist gnadenlos.

Ich selbst komme da nicht mehr vor, nur noch als Ausführende fremder Ansprüche.

Wann werfe ich die Faxe ins Feuer?

Wann sage ich endlich Nein!"

Nachdem Frau E. ihren Text 19 Tage später noch einmal liest, schreibt sie nachträglich: „Mein Gott, was für eindringliche Bilder der totalen Unterwerfung! Was alles ist geschehen, um mich endlich wach zu machen, und doch hat es noch nicht genügt! Ein ganzes Jahr haben mir die Knie höllisch weh getan, weil der Körper sich gegen die Demut aufbäumt.

Eine wahnsinnige Grippe mit zementierter Nase, Erstickungsangst und Schmerzen in sämtlichen Gliedern und Gelenken genügten noch nicht, um mich wach zu machen für die Erkenntnis: Mein Mann traut mir absolut nichts zu! Wir streiten wie die Wahnsinnigen um das neue Haus, und er findet, daß ich weder Ideen noch Geschmack hätte. Er nimmt mir alle Entscheidungen ab, ich bin ein Nichts. So ist das. In diesem Februar habe ich immerhin den riesigen Kampf geführt und gewonnen, mir mein Zimmer selbst einrichten zu ‚dürfen'. Gegen alle besserwissenden Vorstellungen wird mein Zimmer grün sein."

Mit Grün also, mit Hoffnung, tapeziert diese sich zur Autonomie hin wandelnde Frau ihr neues Zimmer, das es noch gar nicht gibt. Doch betrachten wir zunächst die „Zwänge", denen sie sich im Traum noch unterwerfen zu müssen glaubt: Zunächst meint sie, ihre Cousine vom Bahnhof abholen und irgendwo hinbringen zu müssen. Wenn es dabei bliebe, ginge es ja noch. So etwas kann man schon einmal, auch gerne, für eine Verwandte tun. Frau E. aber wird hellhörig, als sie assoziiert, daß ihre Cousine für sie „der personifizierte Masochismus" ist: Subjektstufig, also als innere Figur von ihr selber verstanden, bedeutete es dann, daß Frau E. sogar ihr, dieser Verkörperung des Masochismus, noch dienen müßte – und das wiederum erwiese, wie Frau E. resigniert hinzufügt: „Wie tief mein eigener Selbstwert abgesunken ist." Das wird ihr an dieser Traumszene klar. Aber es kommt noch schlimmer: In der ersten Stunde muß sie ja auch noch die Eltern aus dem Urlaub abholen und vorher noch die Wohnung dafür herrichten. Das geht nun keinesfalls, wenn sie bereits die Cousine abholen muß. Es gelte hier wohl, Prioritäten für sich selbst gegenüber den Ansprüchen der einzelnen zu setzen, was Frau E. bis dahin noch nicht vermochte. Keine Frage ist es für Frau E. allerdings, daß sie den Eltern entgegenkommen muß – selbst wenn sie die Cousine sich selbst überließe, denn „die Eltern haben Macht. Ihre Wünsche sind Gesetz." So erlebt sie es noch mit 53 Jahren! Hinzu kommt das unermüdlich Botschaften ausspuckende Faxgerät, so viele, daß sie schon gar nicht mehr dazu kommt, sie zu lesen, geschweige denn, sie zu beantworten, worauf sie doch zweifellos warten! „Die Situation ist gnadenlos", schreibt Frau E., „ich selbst komme gar nicht mehr vor, nur noch als Ausführende fremder Ansprüche. Wann werfe ich die Faxe ins Feuer? Wann sage ich endlich nein?" Sie spürt selber, was dran ist, auf jeden Fall gegenüber den Eltern, die bei ihr, der einzigen Tochter, noch immer viel zu viel Raum einnehmen. An der unaufgelösten Elternautorität partizipiert aber auch ihr Mann, auch wenn er im Traum nicht ausdrücklich vorkommt, doch fällt er ihr in den Assoziationen zu diesem Traumteil unweigerlich ein: Ein ganzes Jahr lang haben mir die Knie höllisch weh getan, weil der Körper sich gegen die Demut aufbäumt. Eine wahnsinnige Grippe mit zementierter Nase, Erstickungsangst und Schmerzen in sämtlichen Gliedern und Gelenken genügten noch nicht, um mich wach zu machen für die Erkenntnis: Mein Mann traut mir absolut nichts zu ..." Aber gerade an diesem Tag, an dem sie die letzten Notizen zu diesem Traum eintrug, in dem sie ihre Krankheit und den Kampf um eigene Ideen zum Haus beschreibt, hatte sie einen neuen, wichtigen Traum.

### *Der kleine Prinz ist gestorben*

Der von ihr aufgezeichnete Traumtext lautet:

*„Ich soll mit anderen in ein Haus gehen, in dem es unangenehm riecht. Mir graut! Es stinkt nach Verwesung!*

*Ich gehe mit und gebe mir Mühe, die Luft auszuhalten. Es geht viele Treppen abwärts, es stinkt immer entsetzlicher.*

*Und dann stehen wir in einem kleinen Zimmer vor einer*

*Kiste, einem Sarg, aber nicht so lang, vielleicht einem Kindersarg. Darin liegen lauter sehr kleine, sehr verschrumpelte Figuren. Und stinken! Und es heißt – oder ich weiß das nur innen: ‚Der kleine Prinz ist gestorben!'*

*Ich rase nach draußen und hole endlich wieder Luft. Das Todeszimmer war tief unten in einem Berg. Dann weigere ich mich, die ganzen Treppen wieder rauf zu gehen. Nur weil es so der ‚Ordnung' entsprechen würde? Ich bin ja draußen, einen Rückweg nach oben finde ich wohl wieder, außen herum, ohne die Innentreppe."*

Frau E. fügt ihre Assoziationen an: „Um drei Uhr hellwach. Und ich weiß sofort: ein Schlüsseltraum! Der kleine Prinz mußte sterben, er war längst überfällig. Der kleine Prinz ist für mich wichtiger gewesen als die Bibel. Vor allem in seinem Anspruch an Treue und Verantwortungsgefühl: ‚Du bist immer für das verantwortlich, was du dir vertraut gemacht hast ...' Das hat mir so viel Freiheit genommen! Das hat mich so unfähig gemacht, mich für die Freiheit und letzten Endes für mich und mein Leben zu entscheiden. Diese Rolle wird endgültig in einem Kindersarg begraben.

Ich liege von drei bis sechs Uhr wach und bin voll Freude."

Etwas Kindliches, ein kindlicher Animus ist tot: Der kleine Prinz ist ja auch derjenige, der nie zu seiner Blume kam und sich schließlich selbst dem Tod durch die Schlange ergab.

Danach folgte noch ein kurzer Traum in der gleichen Nacht:

*„Stadion. Eine Massenveranstaltung. Ich gehe hinein, passe aber sehr gut auf meinen Kater auf. Im Arm, in einem Korb, auf einem kleinen Mauervorsprung soll er sich einigermaßen wohl fühlen, aber nicht verlorengehen."*

Frau E. fügt an: „Na also! In unzähligen Träumen habe ich schlecht auf ihn aufgepaßt. Nun also ist er das Wichtigste! Wenn die Anpassung endlich aufhört, kann ich auf mein Lebendiges achten.

Vielleicht kann ich ihm in Zukunft auch noch das Stadion ersparen ...?"

Sie zieht das Fazit: „Es ist jetzt also unbedingt dran, daß ich meine Eigenständigkeit rette. Auch mein Mann, den ich so liebe, darf nicht über mir stehen!"

Oftmals müssen wir, ehe wir wirklich weitergehen können, einen Ort noch einmal aufsuchen, an dem etwas sehr Unangenehmes aufzufinden ist und wahrgenommen werden will. So auch hier: Frau E. soll – übrigens mit anderen, mit Zeugen also – in ein Haus gehen, in dem es sehr unangenehm riecht. Es kommt ihr in die Nase, in die Witterung gleichsam, daß hier etwas ‚stinkt', verwest, also tot ist und überfällig, aus dem Haus geschafft und bestattet zu werden.

Um es auch nur aufzufinden, bedarf es erst eines Abstiegs über viele Treppen hinunter, sie muß gleichsam tiefer gehen, um wirklich entdecken zu können, worum es geht. Der Gestank, der sich immer mehr verstärkt, weist ihr und ihren Begleitern dabei den Weg. Zuletzt stehen sie in einem Raum vor einer kleinen Kiste, die an einen Kindersarg erinnert. Darin liegen, stinkend, nicht nur eine, sondern gleich mehrere kleine, ganz verschrumpelte Figuren – so wie man sie öfter in Träumen findet, wenn etwas ehedem sehr Wichtiges, vielleicht auch eine sehr wichtige Person, an Bedeutung für einen verliert, einschrumpft, weniger wird. Obgleich es sich um mehrere solcher verschrumpelter Figuren handelt, weiß die Träumerin auf einmal sehr genau, als ob es ihr eine innere Stimme sagte: Es handelt sich bei diesem Verschrumpelten, das zugleich „gen Himmel stinkt", um nichts anderes als um den ‚Kleinen Prinzen': ‚Der kleine Prinz ist gestorben.' Als sie erkennt, was geschehen ist, „rast" sie in größter Eile nach draußen, durch einen Nebenausgang unten, um endlich wieder Luft schnappen zu können. Damit ist sie im Freien, und sie weigert sich nun auch, die Stufen nachträglich wieder hinaufzugehen, wie es eigentlich von ihr verlangt wäre.

Der kleine Prinz, der ja bei allem Zauber doch derjenige ist, der hoffnungslos und unbeantwortet liebt, der ein Ideal verkörpert, dem sie nicht länger nachstreben will, ist bisher nur unbewußt von ihr aufgegeben worden, so daß er quasi unbemerkt im Keller jenes Hauses verweste. Jetzt wird ihr dieser Tod eines alten Ideals bewußt, eines alten Ideals, das die Unerfüllbarkeit seiner Wünsche durch ein überangepaßtes, masochistisches Verhalten vorprogrammiert. Warum sind es aber viele kleine Schrumpfgestalten in dem Kindersarg und nicht nur eine? Sind es vielleicht mehrere solcher altruistischen Ideale gewesen, die sich allenfalls in der Gestalt des kleinen Prinzen zusammenfassen ließen?

Noch in der gleichen Nacht träumt Frau E. einen Traum von ihrem sehr geliebten Kater, der ihre Instinktseite verkörpern mag. Auf das geliebte Tier, ihre ureigene Instinktseite, gilt es vor allem in solchen Massenveranstaltungen, wie sie hier vorkommen, gut aufzupassen, damit sie ihr dort, unter der Anpassung an die Masse und deren Meinungen, nicht wieder verloren geht. Diese Sicherheit scheint sie in diesem nach früherer Verunsicherung nun doch geträumten Kater-Traum erreicht zu haben, so daß sie schreiben kann: „Na also. In unzähligen Träumen habe ich schlecht auf ihn aufgepaßt, nun also ist er das Wichtigste."

### *Deso und der Waldweg*

Die schwierige Wegsuche in der Zeit nach dem Einsetzen der Wechseljahre spiegelt sich in dem ersten Traum, den mir Frau E. zu diesem Themenkreis überläßt. Ich gebe den Traumtext in ihrer eigenen Formulierung wieder:

*„Ich fahre mit dem Fahrrad durch einen Ort und muß in einen ziemlich fernen anderen Ort. Ich fürchte, den weiten Weg (einsame Landstraße nach vorne links) nicht mehr zu schaffen. Da kommt Deso (der Spitzname meines lieben Arbeitskollegen aus dem Labor) und sagt, ich solle hier rechts abbiegen, dann ginge es schneller. Wieso rechts? Er bleibt dabei: ‚Doch, das ist besser.' Also fahre ich ihm nach: Ein breiter Weg führt in einen Wald, wird schmaler und immer grasgrüner. Er geht bergab und hat plötzlich Stufen, grüne Stufen. Deso geht vor mir her, unbeirrt. Ich aber sage: ‚Das ist bestimmt verkehrt!' Und kehre um. Allein fahre ich den Weg*

*zurück, bergauf über die Stufen, was merkwürdig leicht geht. Schade! Der Waldweg war so schön!*

*Ich komme oben in dem ganz und gar grauen Ort an. Es ist dunkel geworden und es regnet. Nun habe ich eigentlich überhaupt keine Chance mehr, den fernen Ort zu erreichen. Und dann entdecke ich auch noch, daß meine Reifen vom Stufenfahren platt und durchgewetzt sind!*

*Ich finde endlich einen, der mir das reparieren kann. Aber erst morgen! Also bleibt mir nichts übrig, als das Rad in der Werkstatt zu lassen und mir ein Zimmer zu suchen. Morgen – das ist sicher zu spät. Aber ich kann nichts machen und fühle mich ganz elend.“*

Der Traum löst in Frau E. sehr viel aus. Sie beschreibt ihre Assoziationen: „Das Fahrrad war viele Jahre mein einziges Vehikel. Es war schön, naturnah, aber auch eine Beschränkung. Erst mit 41 Jahren habe ich den Führerschein gemacht.

Der weite, einsame Landstraßenweg macht mir Angst. Außerdem weiß ich nichts von dem fernen Ort und warum ich dahin muß. Es ist einfach Pflicht.

Deso führt mich nach rechts, in die falsche Richtung – aber nur von der Logik und vom Gehorsam her falsch. Der Weg ist viel, viel schöner! Und mein Rad schafft mühelos die Stufen. Es wird immer grüner. Selbst auf den eckigen Stufen entzückt mich das Grün.

Geht es abwärts in die Kindheit? Deso ist der Mensch, mit dem ich spielen konnte. Absichtslos, ohne Normen, ohne Pflichten und Formvorstellungen, Spaß um des Spaßes willen, Phantasie – Witz – Lachen –, das alles war Deso für mich und ich für ihn während neun harter Laborjahre.

Wofür steht dieser kindliche, zauberhafte Mensch hier im Traum? Was mich zurückgetrieben hat, war die Angst, das vorgegebene Ziel nicht zu erreichen. Wer hat es mir vorgegeben? Was muß ich erreichen?

Gräßlich, dieser fremde, graue, regennasse, kalte Ort, von dem ich nicht mehr weg kann, weil meine Reifen durchgewetzt sind. An dem ich niemanden kenne. An dem ich zunächst kein Bett habe. Und das Ziel kenne ich ja auch nicht.

Der Waldweg war wunderschön, ohne Ziel. So wie mit Deso alles ohne Zweck war, spielerisch, leicht, fröhlich, grün – und dennoch setze ich das alles aufs Spiel um eines unbekannten Zieles willen, zu dem mich nur Pflicht ruft. Die Pflicht ist fraglos, ist beherrschend."

Kann es für Frau E. darum gehen, den Weg zu finden, den ihr der innere Spielgefährte weist, oder ist das innere Wissen darum, daß ihr Schicksalsweg jetzt nach links führt, dennoch ein Maßstab, den sie nicht übersehen darf? Frau E. steht, als sie diesen Traum hat, in ihrem 53. Jahr.

Nachdem sie ihre Assoziationen wiedergegeben hat, hat sie plötzlich noch eine Erinnerung, die sich fast schon zu entziehen drohte: „Mir fällt ein, daß ab und zu zwischen den Traumbildern ein Kind auftauchte, ein Kind mit einem Greisengesicht! Der ferne Ort war zu weit, ich habe auf jeden Fall dafür das falsche Vehikel. Aber ich unterwerfe mich der Pflicht. Und schreibe auch noch ins Tagebuch: ‚Die schönen, verlockenden Abwege führen zu nichts!' Woher weiß ich das, das ist doch ein Kind mit dem Greisengesicht!"

Frau E. glaubt anfangs, ihren Weg, den sie per Fahrrad befährt, genau zu kennen: Es geht an einen fernen anderen Ort, zu dem eine einsame Landstraße führt, in der Richtung nach vorne links. Auch im Märchen führen die Entwicklungswege der Heldinnen und Helden zunächst immer nach links: Symbolisch ist dies die unbewußte Seite, letztlich die Richtung, die in den Tod des Bisherigen und damit in die Wandlung führt. Plötzlich kommt bei Frau E. während dieses Traumes Angst auf: „Ich fürchte, den weiten Weg ... nicht mehr zu schaffen." In diesem Augenblick erscheint – wie ein rettender Engel? – Deso, ihr lieber, verspielter Kollege und Freund aus den harten Arbeitsjahren im Labor, die sie hinter sich hat, und weist sie in die entgegengesetzte Richtung, nach rechts nämlich, mit dem Argument, „dann ginge es schneller". In der Symbolsprache der Märchen jedoch, der die gleiche archetypische Symbolik des Unbewußten wie den Träumen zugrunde liegt, ist die Richtung nach rechts immer diejenige des wieder Abbiegens, des wieder Ausbiegens in eine Welt, die den Tod und die Wandlung vermeidet. Auch für Frau E. ist sowohl im Traum – sie kehrt ja um – als auch bei der Betrachtung des Traumes zunächst ganz klar: „Deso führt mich in die falsche Richtung" – dann aber wird sie schwankend und einschränkend: „Aber nur von der Logik und vom Gehorsam her falsch. Der Weg (den Deso weist, I. R.) ist viel, viel schöner. Und mein Rad schafft mühelos die Stufen. Es wird immer grüner, selbst auf den eckigen Stufen entzückt mich das Grün.

Geht es abwärts in die Kindheit? Deso ist der Mensch, mit dem ich spielen konnte."

Wofür also steht dieser „kindliche und zauberhafte Mensch" hier im Traum? Die Sache liegt wirklich nicht so einfach! Das vorgegebene Ziel kann von einer inneren, vom Vater und den Vätern abgeleiteten Autorität, einem Über-Ich, kann aber auch von der innersten Instanz der Person, dem Selbst gesteuert sein: als das Wandlungs- und Entwicklungsziel der Frau in diesen Jahren. Deso ist ein kindlich-erotisch kreativer Animus, der ihr half, die ansonsten schwere Zeit in ihrem Leben zu überstehen – aber auch in ihr auszuhalten, sie nicht bis zum Veränderungswillen hin zu reflektieren. Auch hier will er ihr in einem Augenblick der Angst und Entmutigung offenbar helfen, einen schöneren, leichteren Weg zu finden, als es die vorgegebene einsame Straße ist. Falls er einfach nur ablenken wollte, auf einen leichteren Weg verführen, hätte er sicher unrecht. Er verspricht aber den schnelleren und besseren Weg. Vielleicht hat er nicht ganz unrecht, sondern will Frau E. gleichsam zu einer „Regression im Dienste des Ich" (Kris) verleiten, da sie ohne diese vorherige Regression auf ihre Glücksmöglichkeiten und ihre kreativen Spielmöglichkeiten im Kontakt mit der Natur, ihrer verspielten Seite, den schweren Wandlungsweg durch ein Sterben des Bisherigen hindurch nur um so schwerer bewältigen könnte. Vielleicht hat er damit recht, und der Umweg nach rechts könnte sich am Ende als heilsamer Umweg herausstellen. Wir müssen dies alles hier sehr genau bedenken: Doch ist es keine Frage, daß das, was Frau E. in die verzweifelte Lage bringt, letztlich mit platten Reifen, aus denen „die Luft 'raus" ist und ohne Nachtquartier in einem öden Ort übernachten zu müssen, ihre Ambivalenz ist, ihr Umkehren auf halbem Weg. So kann sie gar nicht erfahren, was Deso, der sie bisher noch nie in die Irre geführt hat, eigentlich meint mit diesem ‚schnellen Weg'. So hat sie nur Zeit verloren, ein schlechtes Gewissen bekommen, und Reifen, aus denen „die Luft raus" ist! Besonders unglücklich macht ja bekanntlich immer das Umkehren auf halbem Wege. Der Deso-Weg war ja nun wirklich sehr verlockend, naturnah, grün, tiefer führend als das bisherige Niveau war, ins Vegetativ-Hoffnungsvolle, aber vielleicht auch zu sehr ins pflanzenhaft Unbewußte, wo die Dinge und Wesen „einfach so" wachsen dürfen? Was Deso brachte und verkörperte, war ein unendlich wichtiger Ausgleich für das, was „damals" in der Laborzeit das Problem war: daß sie jahrzehntelang in der immer weniger geliebten Arbeitspflicht im Labor festhing, einem Beruf, der ihr nur bedingt entsprach und wesentliche Seiten ihres Lebens brachliegen ließ. Jetzt kommt es auf etwas anderes an als auf solchen Ausgleich für eine im Grunde unhaltbare Situation! Es kommt an auf das Durchtragen des zunächst einsamen Wegs in die zweite Lebenshälfte hinein, der lang und streckenweise grau sein wird, der aber eine neue Selbstfindung und Autonomie ermöglicht.

## *Das Pferd*

In dem Traum kurz vor ihrem 54. Geburtstag wird nach der Instinktseite, wie sie sich im Kater verkörperte – die menschliche Instinktseite symbolisiert sich gerne in Tieren –, eine weitere sichtbar, eine noch menschenvertrautere, nämlich diejenige, die sich im Pferd zeigt. Zunächst der Traumtext:

*„Zuerst eine übliche Situation: Viele Leute sind in Autos ans Meer gekommen. Ich auch. Ich suche meine Malsachen, verspäte mich ...*

*Dann aber: Ich reite auf einem großen, braunen Pferd ohne Sattel, ohne Zaumzeug, ohne Peitsche, quer sitzend, durch sehr morgenfrühe, breite Straßen. Das Tier geht total leise, wie schwebend. Es reagiert auf Zuruf. Ganz große Glückseligkeit." (Irgendwie sollte ich ein Gerät mitnehmen, um das Pferd elektrisch zu lenken, aber das wollte ich nicht. Ob es nun aus der Ferne elektrisch gelenkt wurde?)*

Die Träumerin bringt ihre Assoziationen: „Im Tagesbewußtsein habe ich so viel Angst, traue mir überhaupt nichts zu. Aber es muß viel mehr Power da sein, als ich ahne! Diesem großen, starken Tier habe ich mich anvertraut! Ohne Angst! Es schwebt und reagiert auf meine Zurufe ohne Mühe.

Meine Glückseligkeit hat so viele Quellen: Dankbarkeit für die Gutwilligkeit des starken Pferdes, aber auch Freude über mein Vertrauen.

Die Umbausituation hat mich also nicht niedergewalzt. Meine eigene Kraft hat sich in den Sattel gesetzt und hat ihre Mächtigkeit selbst genossen. Ich muß mir dessen einfach bewußt werden.

Auch wenn ich bei den vielen Leuten mit den Malsachen nicht ganz ‚richtig' bin, spielt das keine Rolle. Ich habe das Pferd und das Vertrauen.

In diesem Herbst lege ich zum ersten Mal einen eigenen Garten an. Gegen irre Widerstände meines Mannes, der sich offenbar nicht vorstellen kann, daß etwas ohne seine Vorschriften funktionieren kann."

Der Traum beginnt mit einer viel üblicheren Situation, in der noch kein Pferd vorkommt, sondern vielmehr das Auto als das heutige Verkehrsmittel, mit dem man ans Meer – also auch in die durch die unbewußte Tiefe bestimmte Region kommt. Frau E. will allerdings ihre Malsachen mitnehmen, will damit einen anderen Zugang zum Meer, zum Unbewußten suchen, als einfach mit dem Auto vorzufahren, sie will Eindrücke ihrer Seele ausdrücken und gestalten ... Indem sie ihre Malsachen sucht, also einen „anderen Zugang" zum Meer, verspätet sie sich bereits ... Da entsteht ein neues Bild, eine ganz andere Fortbewegungsart: Da sind keine Autos mehr, sondern ein Pferd, auf dem Frau E. reitet, und wie: ohne Sattel, ohne

Zaumzeug, ohne Peitsche, quer sitzend, also ohne alle technischen Hilfsmittel des Reitens, vielmehr dem Pferd, dem Pferdekörper direkt angepaßt. Es ist Morgenfrühe, die Straßen sind breit, also wohl auch verkehrsfrei. Das Schönste aber, was die Glückseligkeit bei der Reiterin auslöst, ist die Gangart des Pferdes: Es geht total leise, wie schwebend und reagiert auf Zuruf (die andere Möglichkeit, das Pferd quasi elektrisch fernzusteuern, lehnt Frau E. in Wirklichkeit ab). So, in natürlichstem Kontakt, Körper an Körper, auf Sprache reagierend, ist das Pferd, ihre Instinktseite, aufs schönste mit ihr verbunden. Sie kommt schwebend, lautlos voran, viel weiter hinaus, viel sicherer getragen als ohne das Tier. Wie sie selber schreibt, löst es „ganz große Glückseligkeit" in ihr aus, sich von ihrer starken Körper- und Instinktseite so sanft und leicht getragen zu finden. Endlich kommt etwas zusammen, was sich lange gegenläufig bewegte: Das Bild von Pferd und Reiter, ein uraltes Bild für Übereinstimmung von Leib und Seele, trifft nun auf sie, die gewandelte Frau, zu. Das Pferd als das dem Menschen zugewandte Tier, das des Lernens, der Beziehung, der Treue fähige Tier, ist ein besonders schönes Gleichnis für einen auf die Seele bezogenen, auf sie eingestimmten Leib.

Frau E. selber schreibt zu diesem Traum: „Im Tagesbewußtsein habe ich (noch immer) so viel Angst, traue mir überhaupt nichts zu. Aber es muß viel mehr Potenz da sein als ich ahne." Sie schildert den persönlichen Hintergrund jener Zeit, aus der der Traum stammt: Die Umbausituation, in der sie mit ihrem Mann zusammen ein neues Haus erworben hat, das sehr viele Renovierungsarbeiten benötigt, habe sie doch nicht niedergewalzt: „Meine eigene Kraft hat sich in den Sattel gesetzt und hat ihre Mächtigkeit selbst genossen. Ich muß mir dessen einfach nur bewußt werden." Auch ihre eigenen Malsachen hat sie wieder hervorgeholt und auf der anderen Seite zum ersten Mal einen eigenen Garten angelegt, den sie gegen ihren Mann durchsetzen mußte. Sie ist auf ihr selber unerwartete Weise frei geworden, eine veränderte Frau, die mit der Natur in ihr, zu der das Pferd, aber auch das Malen als Fähigkeit des Selbstausdrucks gehört, in Kontakt gekommen ist, und die zudem mit der Natur um sie herum, dem Garten, der Gärtnerin in ihr selbst korrespondiert, auch ihrem Mann gegenüber nun als eine eigene Person.

### *Feuertanz*

Auch den geliebten Garten, seine Gestaltung und Pflege läßt sich Frau E., die ihren eigenen Rhythmus noch nicht beherrscht, nun bald wieder zum Streß werden. Nach einem Sturz bei allzu eiligem Gang über die Schwelle der Terrassentür träumt sie einen überraschenden und ermutigenden Traum, von dem ihr noch die eine Szene besonders in Erinnerung ist:

*„Da ist ein heller Platz, auf dem sind mehrere Menschen im Licht, nur ein Mädchen ist im Schatten. Dann ist der Platz voll Feuer. Alle verziehen sich. Nur das Mädchen springt in das Feuer hinein und verbrennt nicht. Es tanzt im sehr hellen Feuerschein, aber es geschieht ihm nichts."*

„Nach dem ziemlich drastischen Absturz im Tageserleben", schreibt Frau E., „empfinde ich diesen Traum zunächst einmal als große Ermutigung. Ich darf das Unglaubliche wagen – bloß was eigentlich? Vielleicht erst mal, zu mir selbst zu stehen." Wenn wir der Szene entlanggehen, dann stoßen wir zuerst einmal auf das eine Mädchen im Schatten, während mehrere andere Mädchen sich im Licht befinden. Das eine Mädchen fühlt sich noch im Schatten, ist unbemerkt, unbewußt, gerade wenn es sich im Vergleich zu den anderen sieht, die viel mehr ins Licht getreten, ihrer selbst bewußter geworden sind.

Nach der Psycho-Logik des Traumes ist es eben dieses Mädchen, das bisher im Schatten stehende, das dann in der zweiten Sequenz der Traumszene in das Feuer springt, vor dem alle übrigen fliehen.

Feuer, das ist Lichtenergie, vor allem aber ist es Wandlungsenergie, welche die entsprechenden Stoffe, die ins Feuer geraten, von dem einen Aggregatzustand in einen anderen hinüberführt. Dabei kann es schmerzhaft zugehen, wie durch einen Tod hindurch. Hier aber ist von einem anderen Vorgang die Rede, der ebenfalls als archetypischer Vorgang bekannt und belegt ist: von dem Tanz im Feuer, der die Unverwundbarkeit der Tanzenden durch Feuer erweist.

Die drei Jünglinge im Feuerofen, von denen die Bibel spricht, blieben unverletzt, als ihr Gottvertrauen sie trägt. Auch Shiva, der hinduistische Wandlungsgott, tanzt im Feuer, und vom Feuersalamander sagt man, daß er unverletzt durch jedes Feuer gehe.

Feuerenergie ist Energie des Lichtes und der Wärme, steht für Inspiration – die feurigen Pfingstzungen! –, für inneres Entflammen, für Begeisterung; Feuerenergie gehört astrologisch zum selbstbewußten Zeichen Löwen, zum ideenreichen, idealistischen Schützen, zum energisch-mutigen Widder!

Feuerflammen tanzen: Wenn Frau E. unverletzt im Feuer tanzt, gleicht sie sich selbst dem Feuerelement an, wird selbst zum Feuer. Natürlich kann in solch einem Traum auch die Gefahr, sich zu überschätzen, lauern: denn ein Mensch ist im Feuerelement zunächst einmal gefährdet; die weiteren Menschen auf dem Platz, auch innere Anteile der Träumerin, verziehen sich ja auch, als das Feuer kommt. Doch betonen die den Traum begleitenden Gefühle der Träumerin, die bei der Traumdeutung in erster Linie zählen, nur positive Erfahrung: Sie beschreibt sie als „Triumph, riesige, helle Freude, Erstaunen, Ekstase". Einen befreienden ekstatischen Moment in ihrer Lebensgeschichte betont dieser Traum: Auch das Tanzen trägt ja über die Phasen der Gehemmtheit, der Nichtigkeitsgefühle und der Schwermut hinaus. So schreibt Frau E. über ihr Erleben während des auf diesen Traum folgenden Zeitraums: „Im Lauf dieses Novembermonats hat sich eine erstaunliche, ganz neue Kraft und Festigkeit gezeigt, ein totaler Widerstand gegen Überforderung, eine Kompromißlosigkeit, wenn ich wieder bedrängt und zerrissen werden soll.

Oft habe ich selbst gestaunt und mein Mann natürlich noch mehr, wie spontan und ganz ohne Vorsatz und Nachdenken meine Entscheidungen kamen. Ich kann jetzt wirklich sagen: „Nein, das mache ich nicht. Ich will jetzt das ... und das ...!"

Zwei Jahre später, im August, fügt Frau E. den Nachsatz an: „Das ist bis heute so geblieben."

Der Traum, in dem „das Mädchen" in ihr aus dem Schatten ins Licht springt und in der Feuerenergie tanzt, stellt also wirklich einen ekstatischen Wende- und Wandlungspunkt auf ihrem Weg zur „gewandelten Frau" dar.

### *Grüngold und das Mädchen mit dem Penis*

Der Traumtext kurz nach ihrem 54. Geburtstag lautet:

*„Ich liebe ein Mädchen. Es ist wieder der blasse, aschblonde Typ mit halblangen, glatten Haaren, den ich schon oft gesehen habe.*

*Etwas sehr Wichtiges: Sie hat zwei lange, schmale Glasröhren in den Händen, die sind innen leuchtend grün mit goldenen Pünktchen (so wie diese beweglichen Kaleidoskope mit diesem bunten Gelee im Inneren). Diese Röhren sollen wohl irgendwo hingebracht und jedenfalls sehr gehütet werden.*

*Dann sehe ich, daß das Mädchen einen Penis hat, richtig kräftig wie ein Mann. Erst nach einiger Zeit fällt mir auf, wie seltsam das ist. Ich frage sie: ‚Wieso hast du denn einen Penis?' Und sie sagt: ‚Ja, das ist eine außerordentliche Geschichte ...' Die Geschichte hat sie mir erzählt, aber leider weiß ich nichts mehr."*

Wenn Frau E. als Frau ein Mädchen liebt, dann bedeutet das auf der subjektstufigen Ebene, daß sie sich mit einer bestimmten Seite ihrer eigenen Weiblichkeit, die ihr bisher vielleicht fremd geblieben ist, innig verbinden möchte, da sie von ihr sehr stark angezogen ist. In diesem Falle ist es ein Mädchen, also eine jüngere Seite als sie selber es ist, eben ‚der blasse, aschblonde Typ mit halblangen Haaren', dem sie schon öfters im Traum begegnet ist. Dieses blasse, aschblonde Mädchen ist eben nicht ein braungebranntes Naturkind, nicht die rot- oder schwarzhaarig vorzustellende, besonders erotische Frau, und seine Gaben, die sich in diesem Aussehen ausdrücken, müssen wohl woanders liegen. Frau E. selber schreibt: „Wenn dieses blasse Mädchen einen starken Penis hat, kann ich eigentlich nicht an Sexualität denken. Dieses Mädchen ist eher androgyn." Frau E. kommt angesichts dieses Mädchens mit dem Penis auf eine andere Spur als auf die sexuelle: „Ob dieser Penis etwas mit Schöpferkraft zu tun hat? Ein Hinweis auf Kreativität? Immerhin bin ich etwa 40 Jahre meines Lebens in einer Welt gewesen, in der Schöpferkraft nur als männlich galt. Eine schöpferische Frau wäre (in dieser Welt I. R.) eine Anmaßung gewesen. Vielleicht muß ich, um meiner eigenen Kreativität zu vertrauen, mir erst einmal ein männliches Attribut zulegen."

Damit deutet Frau E. jene „blasse, aschblonde Frau" mit dem Penis, die sie in dem Traum sieht und spontan liebt, als ihre eigene kreative Seite, die ihr zunächst mit einem männlichen Attribut erscheinen muß, um ihr, nach ihrem bisherigen Verständnis und Vorurteil, überzeugend zu erscheinen. Vielleicht bedarf es im Traum aber auch deshalb des Penis, um eine kraftvolle Vereinigung mit dieser ihrer weiblich-schöpferischen Seite für sie konkret vorstellbar zu machen. Manche der „gewandelten Frauen" dieses Alters finden jetzt in der innigen und manchmal auch sexuellen Verbindung mit einer schöpferischen Frau große Freude und neue Erfüllung. Wo dies nicht mit einer Partnerin in der Außenwelt geschieht, vollzieht es sich doch mit einer schöpferischen Gestalt der Innenwelt. Es geht darum, daß die Frau des eigenen Schöpferischen, des weiblichen Schöpferischen gewahr wird. Häufig geschieht dies in der Begegnung mit einer schöpferischen Frau, die ihr zugleich zur Freundin wird. Auch für Frau E. werden zu der Zeit Beziehungen zu Freundinnen wichtiger als früher, doch spielt sich die entscheidende Begegnung mit ihrer schöpferischen Anima in ihrer Innenwelt wie in diesem Traume ab. Sehr wichtig sind Frau E. jedoch auch die beiden langen, schmalen Glasröhrchen – auch sie in Penisform? –, die in ihrem Inneren leuchtend grün, mit goldenen Pünktchen durchsetzt sind. Auch Frau E. erinnern sie an jene innen beweglichen, mit buntem Gelee gefüllten, kaleidoskopartigen Röhren, die auch unter dem Namen „Zauberstäbe" gehandelt werden. – In den nächsten Tagen geht Frau E. mit diesem Traum und seiner möglichen Bedeutung anhaltend um. Drei Tage später erfährt sie von einer befreundeten Psychotherapeutin, Jungianerin, die viel mit Traumsymbolik zu tun hat, was Grün mit Gold – Frau E.s liebster Farbmelodie – ausdrücken kann: das nämlich, was in Jungs Forschungen über Alchemie und auch in dessen eigener Imagination von einem grüngoldenen Kruzifix zur Erfahrung kam: Grün mit Gold als Farbverbindung des alten spirituellen Naturgeistes Merkurius bringt die Kostbarkeit der Natur zur Geltung und damit die Vorstellung, daß „Erkenntnis und Erleuchtung und Ganzheit nicht in Abkehr von der Natur möglich sind" – dazu fällt Frau E. wieder ihre naturfeindliche christliche Erziehung ein –, sondern „nur durch die Natur hindurch". Als Traumgefühle, die sie unmittelbar nach dem Traum verspürte, vermerkt Frau E. noch: „Liebe – Staunen – alles ist in Ordnung (womit sie vor allem ihre Liebe zu der Frau mit dem Penis meint, I. R.) – und eine starke Faszination durch die beiden Glasröhren." Vielleicht kann sie die beiden Röhren ja wirklich auch als Zauberstäbe benützen, mit ihnen „zaubern" im merkurischen Geist, nämlich die Dinge wandeln, sich selber wandeln im Sinne der Vereinigung von Geist und Natur und schöpferisch werden gerade auch als Frau?

Drei Jahre später vermerkt Frau E. beim Wiederlesen des eben geschilderten Traumes: „Inzwischen weiß ich um meine Schöpferkraft im Garten. Da ist etwas so Erstaunliches gewachsen! Und gerade in der Natur! In dieser Arbeit bin ich wirklich rund und ganz und heil (auch wenn ich manchmal meutere, daß ich nicht mehr zum Malen komme ...). In der Natur, vor allem im Wald, spüre ich Göttliches nahe, das war auch früher schon so, aber wohl weniger bewußt."

Frau E. bleibt jedoch selbstkritisch, auch im Blick auf die Bewahrung ihres Schöpferischen unter den Bedingungen ihrer Ehe: „Dennoch besteht immer die Gefahr, zu viel zu tun, mich völlig zu überfordern. Dann gerate ich in eine Doppelbelastung: Einerseits ist es mir zu viel, und mein Mann tut keinen Schnitz im Garten. Andererseits – oder außerdem noch – meutert er, wenn ich zu viel tue. Aber nicht aus Mitgefühl, sondern weil er meine Zeit für sich beanspruchen will. Das ist ein mehrbödiger Konflikt: Soll ich die Blumen verdursten lassen seinetwegen (dieses Jahr war ein übler heißer Sommer!)? Soll ich mich ihm wieder unterordnen? Und wie kann ich mich selbst dabei retten? Das alles scheint mir im nächsten Traum anzuklingen." In dessen Mittelpunkt aber steht ein ganz gesundes Neugeborenes.

### *Das gesunde Neugeborene*

In Ihrem 56. Lebensjahr ist es soweit: Der Traum schenkt ihr ein neugeborenes Kind. Ich gebe den Traumtext in ihrer Fassung wieder:

*„Ich habe tatsächlich ein Kind geboren! Es ist nicht mehr ein fremdes Kind (wie in früheren Träumen, das mir begegnet oder mich braucht). Es ist auch nicht mehr ein verletztes oder krankes oder schwaches oder behindertes oder gebrechliches oder häßliches, plumpes Kind – es ist ein niedlicher, lebendiger, gesunder Säugling mit feinen, blonden Härchen! Ich bin entzückt! Und dann gibt es da nur ein Problem: die Spucke. Die mag ich nicht und sage mir: ‚Aber es ist doch dein eigenes Kind! Dein Baby, da kann doch die Spucke nicht eklig sein!'"*

Frau E. hat im Traum ein erstes Kind geboren: Immer wieder lassen Träume die Frauen jenseits des gebärfähigen Alters, ob sie nun zuvor Geburten hatten oder nicht, das Geborenwerden neuer Kinder erleben, ganz körperlich und doch auf einer neuen Ebene. Gerade wenn das Ende der gebärfähigen Phase bewußt wahrgenommen, angenommen und auch betrauert werden konnte, schenkt der Traum oft die Erfahrung eines neuen Gebärens auf innerer Ebene. So auch hier bei Frau E., die einfach staunt über dieses Geschehen. Das drückt sich bereits in ihrer Niederschrift des Traumes aus: „Ich habe tatsächlich ein Kind geboren!" Anders als in früheren Träumen ist es ein gesundes, entzückendes Kind, dazu ist es ihr erstes Kind. Es gibt dann nur ein Problem: die Spucke. Frau E. hat, wie sie zu dem Traum vermerkt hat, tatsächlich ein Problem mit der Spucke anderer Menschen, das sogar in die intime Beziehung mit ihrem Mann hineinspielt. Bei der nahen Berührung mit der Spucke eines anderen kommt bei ihr leicht Ekel auf, eben das Gefühl von der Andersartigkeit des anderen. Deshalb macht sie sich spontan klar, daß aber doch ihr Baby ihr eigenes Fleisch und Blut sei. Deshalb müßte es hier doch ganz anders sein, zutiefst vertraut wie mit der eigenen Spucke. Indem sie dies überlegt, merkt sie, daß die Voraussetzung dazu, ein Baby samt seiner Spucke annehmen zu können, eine neue Annahme ihrer selbst bis in die Körperlichkeit hinein wäre: „Ich muß zu allererst lernen, ... mich lieb zu haben. Wie fremd ist das jetzt beim Hinschreiben: mich lieb zu haben."

Jetzt bricht die Prägung durch eine allzu strenge und enge christliche Erziehung in ihr auf, die es ihr jahrzehntelang verbot, Freude an sich selbst zu finden. Noch immer ist ihr dieses Gefühl, sich selbst zu mögen, neu, fremd. Doch sie spürt genau, daß es gerade darauf ankäme: Sich selbst lieb zu haben wäre die Voraussetzung dafür, dieses Kind zu lieben wie sich selbst, so sehr, daß ihr auch seine Spucke nicht mehr eklig sein könnte.

Was kann nun aber dieses gesunde Neugeborene für Frau E. bedeuten, die bezeichnenderweise zuvor den Traum von ihrer Liebe zu dem Mädchen mit dem Penis träumte, den Traum von der Verbindung mit ihrer schöpferisch-männlichen Seite? Das Neugeborene sei, wie sie selbst es deutet, auf ein inneres Kind, ein geistiges Kind zu beziehen, das sie in diesen Tagen geboren hat, nämlich in Gestalt eines ersten Buches, eines Kinderbuches über Tiere:

„Zum anderen ist da wirklich ein eigenes Kind auf die Welt gekommen: mein Kinderbuch. Gerade hatte ich das Titelbild geschickt bekommen und nicht so gelungen gefunden. Der Verlag wird nun den Graphiker bitten, es nach meinen Vorschlägen zu ändern. Jedenfalls ist dieses Kind gesund und lebensfähig und sehr niedlich. Und so kann ich auch zu meinem Buch stehen, und ich will nicht dauernd ‚Fehler' und ‚Schwachstellen' suchen" (wie bei dem Kind, bei dem sie gleich dessen Geifer befürchtete! I. R.). Frau E. fährt fort: ‚Es ist so sehr mein eigenes Kind, weil ich noch keine Silbe davon meinem Mann gezeigt habe. Damit er mich nicht wieder entmutigt! Wenn es gedruckt in meinen Händen liegt, erst dann wird er es bekommen. Bis dahin muß ich so stark dazu stehen, daß mich auch die Spucke nicht mehr abstößt. Je absoluter die Beziehung, desto stärker wird das Kindchen sein.'"

Eine gewisse Spannung ist auch hier noch spürbar, die darin begründet lag, daß Frau E.s intellektueller Mann dazu tendierte, die ihr eigene gemüthaft-humorvolle und manchmal sentimentale Schreibweise immer wieder zu kritisieren und damit seine Frau, die ihm seine Sicht bisher kritiklos abnahm, gründlich zu entmutigen. Doch hat Frau E. nun einen Weg gefunden, ihr Buch alleine zu schreiben und zu verantworten: Und damit konnte es wirklich entstehen. Es ist charakteristisch für den Übergang der Frau in eine neue schöpferische Gebärfähigkeit, in der sie gerade auch zu besonderer geistiger Leistung fähig wird, daß sie in der zweiten Lebenshälfte von Kindern einer neuen Art träumt, die ihr geboren werden. Hier wird neben Frau E.s Schöpfertum auch ihre Autonomie geboren, die sich nicht länger vom Mann ‚vorschreiben' läßt, was und wie sie als Frau ihr Werk zu gestalten habe.

## *Peruni*

Im April des gleichen Jahres, als der Frühling einsetzt, spürt Frau E. wieder über der Bestellung ihres groß und vielseitig gewordenen Gartens, ihres schöpferischen Hobbys, daß sie das ihr gemäße Maß zu verlieren droht. So träumt sie „nach wahnsinnigen Gartentagen und Erschöpfung" den folgenden Traum:

*„Ich steige (mit meinem Mann?) in ein kleines Privatflugzeug, in einen quadratischen Raum. Ich freue mich aufs Flie-*

*gen! Mein Kater Peruni ist auch dabei, er springt von meinem Schoß. Ich lasse ihn – bis mir einfällt, daß noch nicht alle Türen zu sind. Ich springe auf und sehe gerade, wie er auf eine Hintertür zugeht. Ich renne und fasse ihn am Schwanz, aber natürlich nicht fest genug. Schon ist er draußen. Panik!*

*Ich springe aus dem Flugzeug und nähere mich ihm ganz langsam (nur so kann man eine Katze fangen!), so langsam jedenfalls, wie es meine Aufregung zuläßt, locke und rufe ihn – er geht weiter. Ich bekomme noch einmal seinen Schwanz zu fassen. Das Fell ist so glatt, aber diesmal halte ich mit aller Verzweiflung fest. Wenn er mir jetzt entwischt, ist er weg! Es gelingt!*

*Später sitze ich auf meinem Fensterplatz und habe meinen Kater Peruni auf dem Schoß. Das Flugzeug fährt los. Dann kommt der berühmte herrliche ‚Ruck', wenn das Flugzeug sich von der Erde ablöst. Auf einmal aber fahren wir wieder. Das Flugzeug hat offenbar die Höhe nicht geschafft und noch einmal aufgesetzt. Mich freut das. Nun kann ich das Ablösen ein zweites Mal erleben."*

Frau E. geht in ihren Gedanken zum Traum sofort darauf ein, daß hier, wie bei den beiden Glasröhrchen und früher bei den beiden Wölfen, etwas verdoppelt und damit besonders hervorgehoben und eindringlich genannt ist: „Diesmal ist es das Ablösen." Sie reflektiert noch einmal die Träume, in denen dieses Verdoppelungsmotiv bisher vorkam, das sich bisher jedesmal auf die Erde bezog: „Im Traum von den beiden Wölfen war es sehr gut, daß ich auf der Erde saß. Im Traum von den grüngoldenen Glasröhren bekam ich auch den Hinweis auf die Natur, also wieder auf die Erde. Hier aber geht es um das Ablösen von der Erde. Vielleicht habe ich tatsächlich die Fürsorge für den Garten übertrieben. Vielleicht muß ich auch einmal ein paar Pflanzen sterben lassen, wenn die Hitze so groß ist. Vielleicht kommt sonst mein Kater in Gefahr – indem ich mich selbst und meine Eigenständigkeit (für die das Symbol Kater immer besonders charakteristisch ist, I. R.) und mein innerstes Leben und meine Schönheit und wofür er sonst noch alles stehen mag verliere." Und sie fügt bedrückt hinzu: „In sehr vielen Träumen schon habe ich meinen Kater verloren, beinahe verloren, vernachlässigt, verhungern lassen" – in Wirklichkeit pflegt sie ihn mit größter Liebe –, „es muß noch immer um etwas in mir selbst gegangen sein."

Der Kater also ist überaus wichtig für sie, sie projiziert wichtige Anteile ihrer selbst auf ihn: die Unabhängigkeit, die Körperbezogenheit, das Kennen der eigenen Bedürfnisse und die Fähigkeit, sie zur rechten Zeit durchzusetzen, eine Hingabefähigkeit in Freiheit ... Dieser Kater aber entwischt ihr, als sie sich soeben anschickt (mit ihrem Mann zusammen?, wie sie sich im Traume fragt), in einem kleinen Privatflugzeug zu fliegen, vom Boden abzuheben, worauf sie sich auch freut!

Daß der Kabinenraum quadratisch ist, deutet, wie Jung an der Symbolik des Quadrates immer wieder aufweist, im besonderen Sinn auf einen Raum der Selbstverwirklichung hin, der in Träumen quadratisch gestaltet auftaucht. Diesen Raum also hat sie betreten, womöglich mit ihrem Mann zusammen, ihrem menschlichen Partner, aber auch mit dem Kater, ihrem Tierfreund, ihrer Instinktseite und Instinktsicherheit. Dieser nun als bodenständiges, erdnahes Tier springt von ihrem Schoß und will ins Freie. Sein Instinkt zieht ihn zum Erdboden zurück, er ist fürs Fliegen, was symbolisch auch ein Abheben und Sicherheben zu Ideen, Phantasien, zum Geistigen bedeuten kann, nicht eben gemacht. Er vermag zu entwischen, das Traum-Ich konnte ihn nicht genügend festhalten: Um ihm folgen zu können, verläßt Frau E. jetzt noch einmal selbst das Flugzeug. Immerhin gerät das Traum-Ich, Frau E., in Panik bei dem Gedanken, den Kater zurücklassen zu müssen, ohne ihn – und damit ohne alles das, was er ihr bedeutet – fliegen zu sollen! Draußen nähert sie sich ihm so langsam, wie man sich Katzen, die man fangen will, nähern muß, damit sie nicht erschrecken. Sie nimmt Kontakt auf, ruft ihn, doch stolz und eigenwillig geht er weiter, als kenne er sie nicht. So sind Kater! Da erwischt sie ihn noch einmal am Schwanz, und aus Verzweiflung hält sie ihn diesmal so sehr fest, daß er einfach nicht entkommen kann. Schließlich sitzt sie wieder im Flugzeug, auf einem Fensterplatz, der Aussicht zum Boden, zum Land hin gewährt, und hat den Kater auf dem Schoß.

Diesmal gelingt es. Auf keinen Fall will und kann sie ohne den Kater und ohne all das, was er für sie verkörpert, fliegen: Ihre Erdverbundenheit, ihre heiß erworbene Selbständigkeit im Bebauen der Erde, des Gartens, ihres inneren Landes auch, muß sie mitnehmen in das Land der größeren Ideen, der Phantasie, des Geistigen, das sie mit ihrem Mann zusammen „anfliegt". Wie sehr das Flugzeug an der Erde haftet, von ihrer Schwerkraft angezogen, zurückgezogen wird, merkt man daran, daß es zweimal hintereinander zum Start und zum Abheben ansetzen muß. Auch darin kann sich die Erschöpfung, die Frau E. zu der Zeit spürt, ausdrücken. Fast kommt sie nicht vom Boden los. Doch sie wendet diese Doppelung des Starts ins Positive, auch darin wird ihre zu der Zeit unerschütterlich-hoffnungsbezogene Einstellung sichtbar. Sie freut sich auf den berühmten „herrlichen Ruck", mit dem das Flugzeug von der Erde abhebt – keine Spur also von „Angst vorm Fliegen" bei Frau E.! Und so genießt sie es auch, daß das Flugzeug ein zweites Mal ansetzen muß, um abzuheben: „Mich freut das. Nun kann ich das Abheben ein zweites Mal erleben!"

Sie ist enorm neugierig darauf, dies wirklich zu erleben, und so mündet dieser Traum, der auch all ihre Ambivalenzen gegenüber dem Abheben spiegelt – kann sie denn der Erde treu bleiben, kann sie den Kater, ihre Instinktseite, auch mitnehmen? –, in einem eindeutigen Ja zum Wagnis des Fliegens, das jetzt in ihrem Leben „dran ist".

### *Über den Berg in die japanische Silberwelt*

Der Traum stammt aus der Zeit vor ihrem 55. Geburtstag. Sie schreibt ihn in folgender Form nieder:

*„Mit meinem Mann bin ich in einem Hotel, heute wollen wir in eine andere Stadt jenseits des Berges fahren. Dahin kommt man nur mit einer abenteuerlichen Zahnradbahn.*

*Ich habe meine Tasche noch nicht gepackt, sehe mir aber voll Neugier und Spannung diese Zahnradbahn an. Weil gerade noch ein Platz frei ist, sagt jemand zu mir: ‚Steigen Sie doch ein!' Ich tue es und erschrecke fürchterlich, weil sie tatsächlich sofort losfährt.*

*Es ist eine schwindelerregende Fahrt in die Bergwelt. In Kurven legt der Wagen sich fast waagerecht in die Luft über dem Abgrund. Ich schaffe es, über der Angst zu bleiben und zu denken: ‚Wenn ich jetzt abstürze, ist es auch in Ordnung!'*

*Dann komme ich auf der anderen Seite an. So war das nicht geplant! Wir wollten ja zusammen fahren. Außerdem ist meine Tasche noch nicht gepackt, und das kann mein Mann nicht für mich tun. Er weiß es ja auch gar nicht. Ich muß also unbedingt zurück! Ja, aber der Zug fährt zurück um 16.12 Uhr, diese Zeit ist in diesem Augenblick. Ich frage hastig: ‚Kann ich den Fahrschein im Wagen nachlösen?' Und renne los. Da – fährt die Zahnradbahn ab, die letzte Tür ist gerade zugegangen. Die nächste Bahn fährt erst in einer Stunde. O weh, bis dahin wird mein Mann mein Verschwinden längst gemerkt haben und sich entsetzlich aufregen. Hilflos! Was für eine komische Mischung aus ‚zu früh fahren' und ‚zu spät kommen' und ‚Zug verpassen'...*

*Dann fahre ich ohne meinen Mann in einem seltsamen Zwischending zwischen Zug und Bus durch Japan. Draußen eine unwirklich schöne Welt: Wälder wie bei uns, dazwischen silbrige, gotische Kathedralen, ein silbriges, sanftes Licht überall. Am Rand eines Waldes taucht ein rötliches, hölzernes Dorf auf. ‚Das ist Kyoto', sagt ein Japaner. Wie märchenhaft!*

*Ich gehöre mal wieder zu einer Gruppe. Diesmal aber bin ich nicht im negativen Sinne anders, sondern ich habe einen Sonderstatus: Ein älterer Herr mit silbrigen Haaren mag mich sehr, streichelt mir über die Haare und erklärt mir vieles. Dann kommen wir in ein Haus. Soll da etwas stattfinden, was ich noch nicht weiß? Plötzlich ist da auch Mirchi (meine erste Liebe, ein bildschöner Inder, den meine Kolleginnen im Labor damals ‚Märchenprinz' nannten). Er bereitet ein riesi-*

*ges Zeremoniell vor für sich und mich. Dazu hat er zwei kleine Pflanzen in Töpfchen mitgebracht. Alles wird auf dem Boden auf einer weißen Spitzendecke ausgebreitet ... Es sieht so aus, als wolle er eine Art Gottesurteil herbeiführen. Der silbrige ältere Herr sagt: ‚Ja, ja, ich kenne mich da aus. Ich kann die Zeichen deuten.' Mirchi und ich sind wie glückliche Vögel. Der ganze Traum ist voll Zauber und Glück. Die Gruppe ist vollkommen egal."*

Zunächst ist Frau E. wieder mit ihrem Mann zusammen unterwegs: in einem Hotel, also an einem vorübergehenden Aufenthaltsort. Sie haben einen festen Plan: „Heute wollen wir in eine andere Stadt jenseits des Berges fahren." Jenseits des Berges: also in einen noch unbekannten Ort jenseits einer großen Barrikade. Drüben wären sie dann vielleicht „über den Berg", wie man so sagt. Vielleicht läßt sich diese Blockade auch im Blick auf die momentane Situation in ihrer Beziehung verstehen? Daß es nicht leicht ist, über den Berg zu kommen, zeigt sich auch daran, daß es nur „mit einer abenteuerlichen Zahnradbahn" möglich ist. Solche Zahnradbahnen gab und gibt es seit den Anfängen der Verkehrseinrichtungen bei besonders unwegsamen, überaus steilen und kurvenreichen Strecken, wie sie in den Bergen vorkommen. Frau E. hat ihre Tasche, in der sich üblicherweise alle persönlichen Sachen einschließlich Ausweis, Adreßbuch und Geld befinden, noch nicht gepackt. Sie ist also auf den Aufbruch noch nicht vorbereitet, doch ‚Neugier und Spannung', wie sie schreibt, im Blick auf die Zahnradbahn haben sie schon gefangengenommen. Es ist gerade nur noch ein Platz frei, kein weiterer für ihren Mann, aber „weil gerade noch ein Platz frei ist", so hört sie im Traum jemand zu ihr sagen, möge sie doch einsteigen. Sie tut es, offenbar ohne zu zögern und erschrickt dann allerdings fürchterlich, „weil die tatsächlich sofort losfährt." Die Fahrt dann ist „schwindelerregend", gleicht mit ihren Angst-Lust auslösenden Kurven, in denen sich die Wagen fast waagerecht legen, eher einer Berg- und Talbahn auf dem Volksfest als einer üblichen Zahnradbahn. Es scheint darauf anzukommen, ob

Frau E. es schafft, „über der Angst zu bleiben", und ob sie es sogar annehmen könnte, falls sie jetzt abstürzte. Sie könnte es offenbar annehmen.

Das im Traum erlebte Gefühl scheint die Überwindung ihrer Angst auszudrücken: Sie erlebt, daß sie über ihrer Angst stehen und sich dieser tollkühnen Fahrt aussetzen kann. Es kommt ein Mut in ihr auf, der den gewandelten Frauen vielfach neu zu eigen wird: mit bisherigen Ängsten so umzugehen, daß sie einen nicht mehr abhalten können, das, was gewagt sein will, nun endlich auch wirklich zu wagen.

Schließlich ist Frau E. wirklich „über den Berg" und kommt auf der anderen Seite an, die sie eigentlich ersehnt hat. Doch, so unterstreicht sie: „So war es nicht geplant! Wir wollten ja gemeinsam fahren." Sie vermag es, alleine da drüben anzukommen, jenseits des Problembergs, doch so möchte sie es eigentlich nicht. Sie möchte nur in der Beziehung zu ihrem Mann und in der Bezogenheit auf ihn drüben ankommen, nicht in einer einsamen, wenn ja auch möglichen Autonomie. Daß ihr diese Autonomie möglich wäre, möglich ist, erfährt sie in diesem Traum freilich auch erst dadurch, daß sie ohne ihren Mann einfach weggezogen wird. In diesem Traum steht aber vor allem ein weiteres Hindernis ihrem Bleiben in diesem überraschend gewonnen Neuland entgegen: „Außerdem ist meine Tasche noch nicht gepackt, und das kann mein Mann nicht für mich tun. Er weiß es ja auch gar nicht. Ich muß also unbedingt zurück!" Ihre persönlichen Sachen, die zu ihrer Identität gehören, hat sie noch nicht gepackt, noch nicht gesammelt, geordnet, hat sie vor allem jetzt nicht bei sich. Es ist in der Tat so, und das ist ja auch völlig klar, daß ihr Mann ihr nicht die Sorge um ihre eigene Identität abnehmen kann, auch kann er ja gar nicht wissen, so schließt sie, daß sie dafür nicht selber Sorge getragen, daß sie also jetzt Probleme damit hat. Er weiß ja auch nicht, daß sie weggefahren ist. Hier spiegelt sich in präzisen Traumbildern das Problem, das Frauen haben, vor allem im Alter von Frau E., wenn sie ihre Identität lange vom Mann, von der Zustimmung eines Mannes abgeleitet haben und nun den Sprung in die eigene Identität, die Fahrt alleine und in Neuland wagen. Auch wenn der Spung zunächst gelingt, so wie die halsbrecherische Fahrt Frau E.s auf dem Einzelplatz gelingt, so gilt es doch, auf Dauer seine Siebensachen, die zu einer neuen Identität als einzelne Frau über das „Beziehungsselbst" (Kast) der Ehe hinaus gehören, zusammenzusuchen, zusammenzupacken und in das Neuland mitzunehmen. Für Frau E. gehört vor allem auch dies dazu, daß sie die neugewonnene eigene Identität in die Beziehung zu ihrem Mann einbringen möchte, sie möchte ja ausdrücklich gar nicht ausbrechen aus dieser Ehe. Jetzt will sie also unbedingt zurückfahren, um ihre Taschen zu packen und ihren Mann wiederzufinden. Sie kann aber den nächsten Zug nicht mehr bekommen, er fährt sofort in dem Moment, in dem sie sich gerade befindet, also um 16.12 Uhr, eine eigentümliche Uhrzeit übrigens, die viel mit der weiblichen Ganzheitszahl Vier zu tun hat: besteht doch 16 aus 4 x 4 und 12 aus 3 x 4. Irgendwie ist die Zeit reif, das würde ich aus dem 4 x 4 schließen, die etwas in sich Abgerundetes bedeutet, für etwas Neues, doch in der 12 mit ihrem 3 x 4 steckt von der Drei her noch eine offene Dynamik, auch eine Spannung zwischen dem weiblichen (4) und dem männlichen Prinzip (3). – So rasch also geht es für sie nicht mit der Rückfahrtmöglichkeit. Das bedeutet doch auch, daß sie unbedingt eine Weile, eine Stunde sagt der Traum, in der neuen, einsamen Situation mit ungeklärter Identität aushalten muß, daß sie ihr einsames, eigenwilliges Wagnis auf keinen Fall, wie Kinder es gerne tun würden, „ungeschehen" machen kann. Die eine Stunde, die es braucht, bis wieder ein Zug zurückfährt, ist gerade lange genug, daß ihr Wegfahren nicht unbemerkt bleiben kann, sondern vielmehr auffallen muß: vor allem ihrem zurückgebliebenem Mann. Frau E. vermerkt zu dieser Stelle: „O weh, bis dahin wird er mein Verschwinden längst bemerkt haben und sich entsetzlich aufregen. Hilflos!" Offenbar will es der Traum so, daß ihr „Ausbüchsen" aus der Beziehung, wie sie zur Zeit ist, vielleicht auch nur ihr momentaner Wunsch danach, vom Partner nicht unbemerkt bleiben kann.

Ihre Autonomiewünsche gehören ins Bewußtsein beider, in den Dialog! Frau E. kann nicht umhin, zu dieser Szene noch zu bemerken: „Was für eine komische Mischung aus ‚zu früh fahren' und ‚zu spät kommen' und ‚Zug verpassen'" – die typische Mischung, unbewußte Ambivalenzen bildhaft aufzuzeigen und ins Bewußtsein zu rücken, um schlußendlich zu einer eindeutigen Einstellung und einer neuen, eigenen, dem Lebensalter gemäßen Identität zu finden!

Der zweite Teil des Traumes zeigt eindeutig, daß es hier wirklich nicht darum geht, einmal ohne ihren Mann zu fahren, denn jetzt tut sie es, und zwar in „einem seltsamen Zwischending zwischen Zug und Bus", das, zwar öffentliches Verkehrsmittel und fahrplanbezogen, aber doch die größere individuelle Beweglichkeit des Busses mit der zuverlässigen Streckentreue des Zuges vereint. Es geht allerdings durch Japan, wo Frau E. in Wirklichkeit noch nie war, es ist für sie auf der anderen Seite der Welt, denkbar weit entfernt, jenseits des Berges. Mit Japan verbindet sich für Frau E., die selber meditiert, die Welt der Zen-Meditation, aber auch eine weibliche Kultur des Blumensteckens, der Teezeremonien, eine fremdartige, religiöse, faszinierende Welt. Frau E. nennt es „eine unwirklich schöne Welt". Zwischen Wäldern stehen „silbrige, gotische Kathedralen", also verbinden sich die Bauzeugnisse westlich-mystischer Religiosität mit denen der alten japanischen Tempelstadt Kyoto, die jedoch zugleich als „rötliches, hölzernes Dorf" neben dem „sanften Silberlicht" steht, das die Kathedrale überflutet und sich überall hin ausbreitet. Rötliches Holz und silberner Stein, silbernes Licht: in der Tat märchenhaft, wie Frau E. im Traum empfindet, wobei rötliches Holz an warme, wärmende Natur und das Silberlicht über der Kathedrale auf etwas Immaterielles, Spirituelles hinweist, wie es im Mondlicht und im weichen Schimmer des Edelmetalls, dem Silber, erscheinen kann. Frau E. vermerkt zu diesem Traumbild: „Japan ist Geheimnis, Mond und Silber auch." Nun gehört sie wieder zu einer Gruppe, Reisegruppe, aus der sie diesmal nicht wegen ihrer Andersartigkeit herausfällt, wie so manchmal in früheren Träumen, sondern einen Sonderstatus innehat, indem ein älterer Herr „mit silbrigen Haaren", wieder Silber, sie bevorzugt und ihr vieles erklärt. Hier konstelliert sich in Frau E. der Archetyp des „alten Weisen", der sie in diese ihr noch neue Weisheitswelt Japans, zu der auch die silbrigen, europäischen Kathedralen gehören, einführt. Die ganze Gruppe kommt nun in ein Haus, wo etwas für Frau E. noch Unbekanntes stattfinden soll. Auf einmal erscheint da eine weitere Männergestalt, nun eine junge Animus-Figur – jetzt vielleicht als ihr junger, schöpferischer Animus –, in dem Frau E. jenen ‚Mirchi' wiedererkennt, ihre erste Liebe, einen „bildschönen Inder", der von ihren Kolleginnen im Labor, in dem sie damals arbeitete, als Märchenprinz bezeichnet wurde. Dieser Inder nun, ihre Jugendliebe einst, ihr schöpferischer Animus jetzt, bereitet ein Zeremoniell für Frau E. und sich selbst vor, indem er zwei kleine Pflanzen in Töpfchen auf einer weißen, auf den Boden gebreiteten Spitzendecke niederstellt, es wirkt wie ein Ritual. Was genau geschehen soll, sagt der Traum nicht. Frau E.s Eindruck, den sie notiert, ist dieser: „Es sieht so aus, als wolle er eine Art Gottesurteil herbeiführen." Ein Gottesurteil – worüber? Auf einmal tritt auch „der silbrige ältere Herr", wie Frau E. ihn nennt, wieder in Funktion, indem er sagt: „Ja, ich kenne mich da aus. Ich kann die Zeichen deuten." Er spielt also mit ihrem jungen Animus zusammen. Worum aber geht es?

Ehe wir dies noch näher bedenken, ist Frau E.s Traumgefühl einzubeziehen, das sie so beschreibt: „Mirchi und ich sind wie glückliche Vögel. Der ganze Traum ist voll Zauber und Glück (die Gruppe ist vollkommen egal)."

Welches „Gottesurteil" will Mirchi unter der deutenden Anwesenheit des „alten Weisen" herbeiführen? Auch Frau E. macht sich noch weitere Gedanken darüber: „Was sagt hier wieder die Verdoppelung in den beiden kleinen Pflanzen?" Handelt es sich, wie in den übrigen Träumen, um eine Hervorhebung des einen Motivs, indem es doppelt erscheint, oder geht es hier doch um eine Symbolik des Paares? Worum könnte es in dem einen oder in dem anderen Fall gehen? Um dies zu klären, brauchten wir vor allem die Symbolik der Topfpflanzen und was sie für Frau E. speziell bedeuten. Dazu notiert sie: „Nebenbei mag ich gar keine Topfpflanzen, sie sind so eingesperrt." Sollte es sich also um eine Thematik des Eingesperrtseins handeln, als lebende Pflanze in einem einengenden Topf zu sein, ein Motiv, das wegen seiner Bedeutsamkeit für Frau E. hier verdoppelt erscheint, um ja nicht übersehen zu werden – oder geht es um eine Paarthematik im gleichen Sinn, nämlich daß sich zwei lebende Wesen jeweils eingetopft gegenüberstehen, lebensfähig gewiß, aber doch in ihrer Wachstumsmöglichkeit eingeschränkt und beengt? Und darüber wollten nun die beiden männlichen Gestalten in Frau E.s Anwesenheit als Zeugin ein „Gottesurteil" fällen? Subjektstufig gedeutet sind es natürlich innere Instanzen in Frau E. selbst, die hier eine Art von „Gottesurteil" erwarten, ein „Gottesurteil" darüber, was im Blick auf ihr „Eingetopftsein" sowohl als einzelne Person wie auch als Partnerin zu geschehen habe. Aus dem Zusammenhang dieses Traumes heraus verstanden, kann es sich kaum um eine andere Thematik handeln. Frau E. spürt beglückende Freiheit und erotische Schwingung im Zusammensein mit Mirchi, sie ist zugleich erotisch erwärmt und geistig angeregt durch die Aufmerksamkeit des „silbrigen Herrn", der als „weiser Alter" natürlich auch mit dem silbrigen Licht über dem Land und den Kathedralen zu tun hat. Es geht um Erweiterung des Lebensraumes für Frau E. selbst als eingetopfte Pflanze! Eros und geistige Inspiration wollen neu in ihr Leben eintreten. Vorerst auf eigenem Erfahrungsweg, unabhängig von ihrem Mann in der Begegnung mit inneren Figuren! Frau E. zieht ihr Fazit in den Aufzeichnungen zu diesem Traum: „Habe ich denn meinen Mann aufgespalten in den alten silbrigen Herrn und in die Jugendliebe? Beide haben Zauber! Und meine Seele findet Resonanz und glückselige Schwingung in der silbrigen, sanft-geheimnisvollen Welt. Weiblichkeit? Zweimal mache ich also eine Fahrt und weiß, daß es „ohne meinen Mann" ist. Das scheint wichtig zu sein. Ich finde die Kraft und den Mut in mir ... Ich fahre mehr oder weniger aus eigenem Entschluß los und überstehe die Gefahr und bleibe über meiner Angst. Wenn nicht mein Mann und die Tasche wären, könnte ich glücklich auf der anderen Seite des Berges bleiben." Dann wäre sie in der Tat „über den Berg"!

### *Der junge, helle König*

Neue Kräfte sollen die Souveränität übernehmen und künftig in ihr herrschen: Das Traumbild dafür ist das von der Kürung und Krönung eines jungen Königs. Letztlich geht es darum, da dieser König eine innere Figur ist, selbst souverän zu werden. Der Traumtext lautet:

*„Eine große Volksversammlung auf einer riesigen Wiese. Ein neuer König soll gekrönt werden, aber eher ein spiritueller König. Ein junger Mann ist gekürt. Am Nachmittag soll er mitten auf der Wiese dem Volk vorgestellt werden. Er wird ganz weiß angezogen sein.*

*Plötzlich kommt der junge, helle Mensch zu mir und sagt, das könne er nicht allein, unmöglich! Er bittet mich, die Aufgabe mit ihm gemeinsam zu übernehmen. Eigentlich will er mehr im Hintergrund bleiben, ich soll einen Teil seiner Aufgabe ganz allein erfüllen.*

*Ich habe Herzklopfen. Wahnsinnige Erregung! Er hat mich auserwählt! Er traut mir das zu! Er hält etwas von mir! Und alle werden das sehen, heute nachmittag. Auch ich werde ein weißes Gewand anziehen, vielleicht meinen Hochzeitsanzug. Der ist allerdings nicht ganz weiß, eher elfenbein. Dennoch: Er wird strahlen.*

*Es ist eine Wiese voller Sonnenschein in Irland."*

In Irland also spielt das alles im Traum, wo sie in Wirklichkeit noch nie war. Aber sie kennt in ihrer Phantasie das Sagenland Irland, wo es Könige gab: „In Irland", schreibt sie zu diesem Traum, „da war ich noch nie. Allerdings habe ich eine Liebe zu keltischer Musik und keltischer Sprache und keltischem Schmuck." Eine Affinität zum Keltischen ist also da. Und den Schauplatz des Traumes, der erst zuletzt genannt wird, „die

Wiese in der Sonne, eher ein sanftes Tal als ein Hügel", so schreibt Frau E., „kenne ich schon aus vielen Träumen". Auf diesem hellen, freundlichen, fruchtbaren Schauplatz inmitten eines traditionsreichen, naturverbundenen Landes findet also eine große Volksversammlung statt: Die Gesamtheit der bewußten, erwachsenen, inneren Kräfte also tut sich – subjektstufig verstanden – zusammen, um einen neuen König, der die künftigen Geschicke bestimmen soll, zu krönen. Es ist soweit, alles wieder unter einer zentralen Kraft vereinen zu können, die nun die innere Souveränität und Identität Frau E.s regieren wird. Es soll ein junger, eher ein spiritueller König sein. Er wird ganz in Weiß – in die Farbe der Anfänge, der Initiation, aber auch der Ganzheit und des ungebrochenen Lichtes – gekleidet sein. Viele spirituelle Meister und Lichtbringergestalten kleiden sich in Weiß. Das Überraschende und Beglückende für das Traum-Ich ist, daß es von dieser leuchtenden Königsfigur aufgesucht und um Mithilfe bei der Krönung und auch beim künftigen Regierungsamt gebeten wird. Der neue König könnte seine Aufgabe nicht ohne Mithilfe des weiblichen Traum-Ichs, Frau E.s also, erfüllen. Hier bittet eine archetypische Figur, der zentrale künftige Regent ihrer Wesensganzheit, ausdrücklich um bewußtes Mitregieren und Mitgestalten: „Eigentlich will er mehr im Hintergrund bleiben, ich soll einen Teil seiner Aufgabe ganz alleine erfüllen." Genauso stellt man sich unter Jungscher Perspektive das Zusammenwirken des Ich mit einer archetypischen Figur vor: Sie berührt, ergreift ein menschliches Ich aus dem Unbewußten heraus, damit dieses bewußt mitwirke an der Verwirklichung der archetypisch konstellierten Möglichkeiten. Dieser Traum macht Frau E. bewußt, daß es für sie künftig darauf ankommt, die Impulse des jungen, spirituellen Königs in die Wirklichkeit umzusetzen. Das Traum-Ich Frau E.s reagiert auf diese Erwählung durch den neuen König mit großer Ergriffenheit: „Ich habe Herzklopfen. Wahnsinnige Erregung! Er hat mich auserwählt. Er traut mir das zu. Er hält etwas von mir!"

Dieses Ich fühlte sich, wie wir in der Folge der Träume gesehen haben, bisher allzusehr von äußeren Autoritäten bestimmt, dem Vater, den Lehrern, dem Mann und dem Männlichen überhaupt, auch von archetypisch männlichen Autoritäten: Jetzt soll es als ein weibliches Ich die Aufgabe der Realisation und der Repräsentation archetypischer Konstellationen haben. Das soll nicht im stillen Kämmerlein allein stattfinden, auch wenn es von dort, im Traum, seinen Ausgang nimmt: „Alle werden es sehen, heute nachmittag", fühlt Frau E. und weiß, daß es dabei darum geht, mit der neuen Aufgabe auch ins Licht der Öffentlichkeit, die sie bisher aus Gehemmtheit gemieden hat, zu treten. Auch sie wird sich dem Anlaß entsprechend kleiden, auch ihre Persona auf ihr neues Amt einstimmen: „Auch ich werde ein weißes Gewand anziehen, vielleicht meinen Hochzeitsanzug. Der ist allerdings nicht ganz weiß, eher elfenbein. Dennoch: Er wird strahlen." Frau E.s Traum-Ich vollzieht die Weihung, die Krönung des neuen Königs mit: Auch sie kleidet sich in das Weiß der Anfänge, der Initiation, der Einweihung und der Vollständigkeit, in die Farbe des Lichtes, die alle Farben in sich enthält – wenn auch ihr Anzug „nicht ganz" weiß ist, wie sie ausdrücklich vermerkt. Ihr Anzug hat Elfenbeinfarbe, ebenfalls etwas Kostbares, und er wird gewiß strahlen, so hofft sie. Am wichtigsten aber dürfte sein, daß es für sie „vielleicht ein Hochzeitsanzug" sein wird. Dann nämlich bedeutete es so etwas, als ob Frau E. noch einmal heiratete, diesmal den jungen König in ihr selbst. Es handelte sich um etwas Ähnliches wie eine „heilige Hochzeit", wie sie in der Alchemie und auch in der Religionsgeschichte verstanden wurde: um eine innige Verschmelzung weiblicher und männlicher Kräfte, um eine künftig unauflösliche Verbindung zwischen dem bewußten individuellen, weiblichen Ich und dem archetypischen König, der aus dem Unbewußten heraus regiert, wobei das Ich seine Impulse in die Wirklichkeit trägt und dort umsetzt. Muß dieser König männlich sein? Die Frage ist müßig, da er es hier ist. Letztlich handelt es sich hier um ein Königspaar, wobei die männlichen Kräfte in diesem Fall im Hintergrund bleiben, während die weiblichen einen Teil der Aufgabe ganz allein erfüllen sollen. Eine äußerst wichtige Station auf Frau E.s innerem Weg zur gewandelten Frau stellt dieser Traum dar. Die Gesamtheit ihrer bewußten inneren Kräfte hat einen neuen Regenten gewählt, der mittels des weiblichen Ich regiert. Es geht darum, souverän zu werden. Der junge König in ihr bedeutet zugleich eine verstärkte Animusentwicklung in den späteren Jahren, die bereits auf das Selbst hin bezogen ist.

### *Abschied vom Labor und das Silberbesteck*

Der folgende Traum wurde im Frühjahr des darauffolgenden Jahres geträumt. Frau E. notiert den Text:

*„Wieder mal bin ich in einem Labor, aber diesmal nicht fehl am Platz (in früheren Träumen war der Kittel zu klein oder das Werkzeug weg oder die Tür verschlossen oder der Weg zugeschneit). Es ist diesmal ein kleines Labor, eher wie ein Zimmer, und es ist dunkel und verstaubt und alt. Ein Weihnachtsbäumchen steht noch drin mit wenigen Restkerzen, ein uraltes Radio, einige bewahrte Dinge. Wir sind vielleicht fünf Leute. Wir wissen, daß das alte Labor abgerissen werden soll. Jeder nimmt seine privaten Dinge an sich, dann trinken wir ein Glas Abschiedssekt. Und dann wollen wir weggehen, jeder in seine Welt.*

*Komisch ist, daß man vieles vergißt mitzunehmen. Die Dinge sind so alt, so benutzt, so gewohnt, daß man sie gar nicht mehr bewußt wahrnimmt. Manches ist freilich auch überaltert. Wem hat überhaupt das Radio gehört? Ach, ist ja egal, lassen wir es einfach hier! Ich entdecke eine Schublade mit Silberbesteck. Lauter alte Bestecke, wahnsinnig schön und prunkvoll ziseliert. Wem gehören sie denn? Ich schaue mich um. Niemand achtet darauf. Ich prüfe: Wenn überall TS darauf steht, dann gehören sie mir! TS steht nur auf wenigen. Trotzdem habe ich große Lust, diese schönen Bestecke mitzunehmen. Außerdem könnte ich sie ja Maria (einer Rußlanddeutschen) schenken. Niemand im Labor hat je mit Silberbestecken gegessen. Wie kommt es, daß sie dennoch so blank und hell sind? Und daß sie mir so wichtig sind?“*

Noch einmal gilt es, von etwas Abschied zu nehmen, einer ganzen Lebensphase, der Berufszeit im Labor, aber nicht, ohne das Wertvollste dieser Zeit, hier wohl im Silberbesteck symbolisiert, überhaupt erst einmal zu entdecken und dann evtl. auch für immer an sich zu nehmen.

Die Berufszeit im Labor, die vor Frau E.s relativ später Eheschließung lag, ist schon seit Jahren abgeschlossen, liegt hinter ihr, wird aber psychisch erst mit diesem Traum abschließbar, weil offenbar das Wertvolle an ihr bis dahin noch nicht ganz entdeckt, noch nicht ganz bewußt geworden ist – und auch einiges noch unaufgeräumt ansteht. Sie ist im Traum also „wieder einmal" in einem Labor, es ist nicht ihr damaliges, es ist viel kleiner, nur noch ein Zimmer, dazu ist es „dunkel, verstaubt und alt". Es ist nicht ihr damaliges Labor und ist es doch: Es ist das, was in ihr davon übrig ist. Ausgerechnet „ein Weihnachtsbäumchen" steht noch darin, mit wenigen Restkerzen. Man hat hier also einmal – und das drängt sich in der Erinnerung auf – die Weihnachtszeit gefeiert, die Wiederkehr des Lichtes, die Geburt eines göttlich-schöpferischen Kindes und hatte wohl auch Gemeinschaft untereinander bei diesem Feiern? Vielleicht weist das Bild auch noch weiter zurück auf die Weihnachtsfeiern des ehemals kleinen Mädchens mit allem, was an Erwartungen und Enttäuschungen mit diesen Feiern zusammenhing? Aber niemand hat in der Zwischenzeit das Weihnachtsbäumchen „entsorgt". Auch mit dem uralten Radio, von dem niemand mehr so recht weiß, wem es eigentlich gehörte, hat es eine eigene Bewandtnis in der Erinnerung Frau E.s. Sie vermerkt: „Das alte Radio – ein Gegenstand tiefen Schmerzes, als ich mit 18 endlich mein eigenes Zimmer bekam, das die Eltern ohne meine Mitwirkung eingerichtet hatten (aber ohne Radio)! Das war das Bild für ihre mangelnde Einfühlsamkeit, denn lieber hätte ich damals in einer Bruchbude mit Apfelsinenkisten gewohnt, aber mit Radio!"

Das Radio war ihr einmal unendlich wichtig gewesen. Auch wirft diese Stelle ein Licht auf die autoritäre Atmosphäre in ihrem Elternhaus, der sie sich noch mit 18 unterwarf, abhängig von diesen einerseits behüteten – wer richtet seiner Tochter, die eben 18 geworden ist, noch ein Zimmer ein! – und dabei so uneinfühlsam in deren eigene Bedüfnisse, ihrer Sehnsucht zum Beispiel nach Opernmusik aus dem Radio. Noch in dem in einem früheren Traum vorkommenden Kampf Frau E.s mit ihrem Mann um die endlich eigene Gestaltung ihres Zimmers im neuen Haus kommt diese Prägung, die sie in der Jugend erfuhr, zum Ausdruck: wie schwer es für sie war, sich gegenüber einer protektiven Autorität, zu der zuweilen auch ihr Mann tendierte – abzugrenzen und durchzusetzen. Jetzt geht es darum, diese ganze Prägung und den Wiederholungszwang, der sich aus solcher Prägung ergab, abzuwerfen: „Das kann man nun auch abhaken", bemerkt Frau E. zu der Traumstelle mit dem Radio, „das ist vorbei und nicht mehr wichtig." Tapfer gesagt! Aber es ist doch noch so wichtig, daß der Traum es ein letztes Mal nennen muß, damit es endgültig abgetan werden kann, wie zum Beispiel mit der Lösung: „Wem hat überhaupt das Radio gehört? Ach, es ist ja egal, lassen wir es einfach hier." Das alte Labor soll ja nun endgültig abgerissen werden und die „vielleicht fünf Leute" (symbolisch eine natürliche „Ganzheit"), die das wissen, sind dabei, ihre privaten Dinge, soweit sie es ihnen noch wert sind, an sich zu nehmen: „Dann trinken wir ein Glas Abschiedssekt, und dann wollen wir weggehen, jeder in seine Welt." Immerhin: Eine Abschiedszeremonie ist offenbar noch fällig. Das heißt natürlich, daß der Abschied bisher noch gefehlt hat. Frau E. hatte die alte Laborzeit vielleicht allzu abrupt, allzu freiheitssehnsüchtig verlassen, als sich ihr durch Ehe und Berufswechsel eine neue, reichere, schöpferische Lebensmöglichkeit bot. Sie schreibt: „Labor – das ist meine Vergangenheit. 22 Jahre habe ich im Labor gearbeitet. Vergangenheit ist nun allmählich überholt. Man kann das Labor ruhig abreißen." Doch da wartet noch ein überraschender Fund! Frau E. entdeckt „eine Schublade mit Silberbesteck, lauter alte Bestecke, wahnsinnig schön und prunkvoll ziseliert". Frau E.s Assoziationen zu diesem Silberbesteck sind reich: „Bestecke zum Essen – ein Hinweis auf ein Nähren." Hat hier in der Laborzeit niemand, vor allem nicht Frau E., dem Essen eine so hohe Beachtung geschenkt, eine so festliche Note gegeben, daß es mit Silberbesteck hätte vollzogen werden sollen? Frau E. hat ja hierzu am Ende des Traumes nachdenklich angemerkt: „Niemand im Labor hat je mit Silberbestecken gegessen. Wie kommt es, daß sie dennoch so blank und hell sind? Und daß sie mir so wichtig sind." Sie sind unbenutzt und dennoch wie neu geputzt, wie bereit zum sofortigen Gebrauch, zu einer festlichen Tafel. Frau E. hat große Lust, diese Bestecke an sich zu nehmen, zumal niemand außer ihr auf sie achtet: „Niemand will sie, niemandem scheinen sie zu gehören. So kostbare Dinge bleiben sonst nirgendwo vergessen liegen. Sie könnten mir gehören. Wenn überall TS darauf stehen würde! Ich hatte als Kind einen silbernen Kaffeelöffel, sonst hatten meine Eltern kein Silber. Auf meinem Löffel stand verschnörkelt TS. Wer das war und woher mein Vater den Löffel hatte, weiß ich nicht mehr." Einige wenige der Bestecke, die sie hier findet, sind wirklich mit TS gezeichnet, gehören also auf alle Fälle ihr, die einen mit diesem Monogramm gezeichneten Kinderlöffel hatte. Darf Frau E. dies als einen Hinweis darauf verstehen, daß ihr auch die übrigen zustehen: „Ich könnte also das Besteck mitnehmen, traue mich aber noch nicht." Erst unter dem Vorwand, es eventuell weiterzuschenken an eine ziemlich mittellose Frau aus Rußland, die ihr gelegentlich im Haushalt hilft, wächst ihr Mut, das Silber an sich zu nehmen. Frau E. überlegt nun grundsätzlich, was ihr Silber bedeutet: „Ich habe Silber sehr gern, vor allem als Schmuck", doch schränkt sie ein: „Aber das dauernde Putzenmüssen wäre mir lästig, darum möchte ich kein silbernes Besteck haben." Im Traum ist das anders. Und das Tolle: „Hier bleibt das Silber hell! Das ist wunderschön, unrealistisch, wie Zauber – aber ich habe es ja selbst gesehen." Beim Erwachen fiel ihr als erstes ein: „Silber ist Weiblichkeit." Und sie fährt fort: „Eine unbenutzte, aber helle, blanke, strahlende, wunderschöne, ersehnte Weiblichkeit, stark verziert, irgendwie alt und doch luxuriös. Kommt die zum Vorschein, wenn ich alles endlich hinter mir lasse?" In der Tat: Frau E. wird das Alte hinter sich lassen können, aber erst, wenn sie das auch in ihm verborgene Kostbare wiederentdeckt und sich zu eigen macht: eine feine Form ihrer Weiblichkeit, zu der die Ansätze schon in der Kindheit da waren: Nur sie in der Familie hatte den silbernen Löffel – und die schon oder vielmehr noch in der alten Laborzeit, zu der ja auch ihre erste Liebe zu dem Inder gehört, versteckt war. Erst wenn sie sich diese Weiblichkeit, bei der sie noch nicht ganz sicher ist, ob sie ihr zusteht – trotz der vertrauten Monogramme auf einigen der Bestecke –, zu eigen macht, wird sie die Laborzeit und die in ihr noch anhängigen Anteile von Jugend und Kindheit wirklich versöhnt verabschieden können. Was ihr der Traum auch bewußt macht ist, daß sie damals die Fähigkeit zu selbständiger Arbeit, die die Laborzeit charakterisierte, mit einer feinen Beziehungsfähigkeit verknüpfen konnte. Die Art der Arbeit allerdings war das, was ihr nicht gemäß war und was sie nun für immer hinter sich lassen möchte. Daß die Zeit dazu reif ist und daß es jetzt wirklich dazu kommen kann, sagt der nächste Traum.

### *Schlaf auf dem Grab in der Sonne*

Von vielem galt es, sich zu verabschieden, um frei zu werden für Neues, viel galt es zu begraben. Nach schwerer innerer Arbeit kehrt Frieden ein. Davon spricht der folgende Traum, der etwa einen Monat nach dem letzten geträumt wurde. Der Traumtext lautet in ihrer eigenen Formulierung:

*„Ein Friedhof. Ich liege auf einem Grab unter einem sehr verzweigten Strauch in der Sonne. Das tut mir gut. Meine beiden Cousinen kommen redend auf dem Weg an mir vorbei und bemerken mich nicht. Ich fühle mich sehr wohl da und schlafe immer wieder ein."*

Schauplatz dieses Traumes ist ein Friedhof, der hier als ein wirklicher Ort des Friedens geschildert wird. Keineswegs in einem Grab, sondern auf einem Grab liegt Frau E. in der Sonne, einen sehr verzweigten Strauch über sich, der sie vor den Augen der Vorübergehenden verdeckt. Es tut ihr gut, sie fühlt sich wohl. Ein eigentümlicher Ort bleibt es gleichwohl, ein Ort, an dem Verstorbene, Verstorbenes begraben liegen. Zu diesem ihrem Ruhen auf dem Grab notiert Frau E.: „Hier kann ich ruhig und friedlich schlafen wie alle, die in den Gräbern liegen. Ich aber schlafe wirklich nur und wache immer wieder auf und spüre, wie gut es mir geht. Die Sonne ist da! Menschen aus meinem früheren Leben – vor allem aus Verwandtschaft (‚meine beiden Cousinen') und Kirche! – gehen an mir vorbei und bemerken mich nicht. Also habe ich endlich Ruhe." Noch einmal wird spürbar, wie sehr Frau E. bis noch vor kurzem von Bindungen und Verpflichtungen an Familie, weitere Verwandtschaft und eine freikirchliche, sehr vereinnahmende Gemeinschaft bestimmt war. Daß sie sich so weit abkoppeln konnte, daß die Menschen aus jenem Kreis sie gar nicht mehr finden und nicht mehr wiedererkennen, gibt ihr große Ruhe. Endlich! Es ist wie ein Moratorium innerhalb eines großen Wandlungsprozesses, der sich im nächsten Traum, der von der Wiederkehr der Menstruation berichtet, fortsetzt. Zu den Traumbildern „Strauch" und „Grab" kommen ihr weiter zurückreichende Einfälle: „Als ich zum ersten Mal ganz allein in Urlaub fuhr, mit immerhin 43 Jahren – und einen Malkurs in Niederbayern machte, war ich total glücklich. In der Mittagspause lag ich immer unter einem Nußstrauch in der Sonne und las in einem Buch über Mandalas. Daher kann das Bild von dem Strauch in der Sonne kommen." Bemerkenswert finde ich an diesem Erinnerungsbild Frau E.s, daß es sich bei diesem Ruhen unter dem Strauch keineswegs um „Friedhofsruhe", in der alles zu Ende wäre, handelt, sondern vielmehr um eine „schöpferische Pause" während eines Malkurses, den sie in freier Selbständigkeit alleine aufgesucht hat. „Nun aber steht der Strauch auf einem Grab", assoziiert Frau E. weiter, „ich habe in den letzten Monaten viel begraben, durch Gespräche mit einer Therapeutin, durch das Aufschreiben von über 60 Seiten (denen sie den Titel „unvermeidbare Nähe" gab, I. R.), dem Greifbarmachen meines Gefesseltseins, und nun wächst aus diesem Grab ein stark verzweigter Strauch. Toll!" Dieser Strauch gibt ihr Abgrenzung, Schutz, Frieden. Das Begraben von Überlebtem ist fruchtbar geworden. Sie darf sich auf dem Erreichten in diesem Traum sogar ausruhen! Sie darf in der Sonne liegen, an dem Ort, wo viel begraben ist!

### *Menstruation auf neuer Ebene*

Mit 58 Jahren träumt Frau E., sie menstruiere wieder:

*„Ich habe plötzlich wieder eine Menstruation. Eine Riesenmenge dunkles, schaumiges Blut fließt aus mir heraus."*

Sie nennt ihre Gefühle dazu: „Überraschung – Schreck – Freude: Das ist ja noch ganz lebendig! – Ahnung von einer riesengroßen Reinigung." Sie verbindet den Vorgang der Menstruation, den sie mit 58 Jahren natürlicherweise hinter sich gelassen hat, vor allem mit der Möglichkeit einer „riesengroßen Reinigung", von der ja auch die Kette der vorangehenden Träume in ihren jeweils eigenen Bildern spricht. Zum Menstruationsgeschehen gehört aber nicht nur das Abstoßen des Unbefruchteten durch die Blutung, sondern das Wissen um die nachfolgende Erneuerung, in der die Befruchtungsmöglichkeit wieder aufgebaut wird, eine hormonelle Veränderung, die oft auch einen Stimmungsaufschwung mit sich bringt. Diesem Gesamtprozeß von Ablösung des Alten, Reinigung und Erneuerung als einem körperlich erfahrbaren Monatsrhythmus und damit Lebensrhythmus trauern manche Frauen nach der Menopause nach. Sein Zurückkehren würde als Revitalisierung empfunden. Mit den entsprechenden Empfindungen hängt auch Frau E.s freudiger Schreck zusammen, als sie erneut eine Menstruation erlebt: „Das ist ja noch ganz lebendig!"

Zugleich erlebt sie den Vorgang, zunächst im Traum selbst, aber erst recht in der nachfolgenden Reflexion, auf einer neuen seelisch-geistigen Ebene: Er vermittelt ihr, wie sie es ausdrückt, die „Ahnung einer riesengroßen Reinigung". Der Trauerprozeß um den biologischen Erneuerungsvorgang der Menstruation ist für uns Frauen dann abgeschlossen, wenn wir die Monatsrhythmen, den Lebensrhythmus überhaupt, auf neuer, innerer Ebene wiedergewinnen, wo wir sie nie mehr verlieren können. Für Frau E. gehört zu dem großen Reinigungsprozeß, dem Loslassen, auch der Mut zum eigenhändigen Zerstören eines selbstgefertigten Lebensbildes, einer Lebensanschauung, eines Lebensmodells, das jetzt nichts mehr taugt und ihr einfach nicht mehr stimmig erscheint.

### *Zerstörung der Kautschuk-Landschaft*

Diese Sequenz gehört noch zu dem Traum von der Menstruation und folgt auf eine Szene von einem großen Verdauungs- und Ausscheidungsvorgang, bei dem sie befürchtet, das Klo könne zu klein sein für die Masse an Verdautem, die hier ausgeschieden wird. Der Text der darauffolgenden, also dritten Traumsequenz lautet:

*„Mit meinem Mann auf einem Kunstfest mit vielen Leuten. Er redet mit vielen, hört gar nicht auf, so daß wir schließlich die letzten, hartnäckigen Gäste sind. Ich selbst habe keinen Kontakt, auch keine Lust dazu. Ich nehme ein Bild, das ich selbst gemacht habe, und zerstöre es: Da sind nicht etwa Farben drauf, sondern eine zentimeterdicke Schicht von grauweißem Silikonkautschuk. Darin hatte ich das Bild modelliert wie ein Relief. Es war eine Landschaft, im Hintergrund Häuser. Ich kratze das ganze Zeug ab. Nur im Hintergrund lasse ich ein paar Häuser stehen. Es entsteht ein großer Haufen von diesem abgekratzten, grau-grün-weißen, gummiartigen Abfall, der mir richtig ekelhaft ist.“*

Während ihr Mann bei einem Kunstfest auf eine ihr ungemäße Weise Kontakte mit vielen Leuten knüpft – früher meinte sie, sich hierbei nicht ausschließen zu dürfen –, nimmt sie nun dieses, ihr selbst gemachtes Bild einer Lebensanschauung, eines Lebensmodells, einer Lebenslandschaft in die Hand und zerstört es ganz bewußt. Es war ein Relief ohne Farben, vielmehr aus „grau-weißem Silikonkautschuk“, also war diese Lebenslandschaft auch noch grau.

Nur im Hintergrund läßt sie ein paar Häuser stehen. Es entsteht ein großer Haufen von diesem „abgekratzten, grau-grünweißen, gummiartigen Abfall", der sie nun anekelt. Ihr Fazit: „Totes kann man wegwerfen. Ein überholtes Selbstbild auch. Keine Angst vor zu viel Schmutz. Das schaffe ich dann schon." Sie schließt mit dem sicheren Gefühl: „Ich glaube, mein Unbewußtes ist schon einen Schritt weiter als mein Tagesbewußtsein."

### *Der Zwergenkönig*

Aus einer längeren Traumsequenz, die Frau E. einen Monat später träumt, gebe ich zum Abschluß dieser Serie nur die entscheidende Szene wieder:

*„Auf der Straße begegnet mir ein altes Ehepaar. Beide sehen ganz unscheinbar aus, ganz grau und ärmlich gekleidet, aber sie haben feine Gesichter. Ich denke: wie Flüchtlinge. Da spricht der Mann mich an und sagt: ‚Wir wollten uns nur bedanken, weil Sie uns nie zertreten haben.'*

*Was? Wieso denn?*

*‚Nun ja, ich bin der Zwergenkönig. Und das habe ich genau beobachtet. Sie waren immer sehr achtsam. Sie haben sich sogar immer noch mal umgedreht und geprüft, ob sie auch wirklich niemanden von den Kleinen wehgetan haben.'*

*Davon weiß ich gar nichts, finde es aber nicht seltsam, daß er und seine Frau ausdrücklich groß geworden sind, um mir das sagen zu können. Sie verabschieden sich und sind auf der Straße einfach verschwunden."*

Das alte Ehepaar, das nichts von sich hermacht im Sinn des äußeren Auftretens, der Persona, das vielmehr ein wenig an Flüchtlinge erinnert, die von ihrer Herkunft her sehr viel mehr gewesen sein können, als sie in ihrer jetzigen Ärmlichkeit erscheinen, läßt auch ein wenig an Philemon und Baucis denken, einen Archetyp des alten Paares. Dieser Archetyp des Paares zeigt sich für Frau E. im Moment der äußeren Erscheinung nach eher in Grau, sie ahnt und erkennt aber sehr wohl an den feinen Gesichtern die innere Würde dieses Paares, des archetypisch weise gewordenen Paares, das wie von weit her zu ihr kommt, wie Flüchtlinge aus einer anderen, weithin versunkenen Welt bei ihr auftauchen mögen.

Und nun kommt der Dank des alten Mannes, der sich auf einmal als König, wenn auch als „Zwergenkönig", zu erkennen gibt, völlig unerwartet zu ihr: dafür, daß sie das Kleine, auch das Unscheinbare und manchmal Kärgliche einer alltäglich gelebten Paarbeziehung nicht zertreten habe, sondern achtsam geblieben sei, nicht überflüssigerweise Schmerzen bereitet habe, sondern sich immer noch einmal umgewandt habe, um sich zu vergewissern, ob sie auch nichts übersehe.

Als „Zwergenkönig" erweist sich dieser Philemon-Mann vielleicht auch insofern, als er das „Volk" all dieser winzig kleinen Wesen und Dinge, die man im Alltag zertreten könnte, vertritt, deshalb, weil er zu den ganz Kleinen gehört, in deren Reich er aber König ist. Als „Zwergenkönig" ist er durchaus geheimnisumwittert.

Daß der „Zwergenkönig" samt seiner Frau, ein Paar wie Philemon und Baucis, doch in Miniatur, noch extra Menschengröße angenommen haben, um von Frau E. wahrgenommen zu werden und mit ihr sprechen zu können, verwundert E. in diesem Traum nicht. Sie kann es akzeptieren, reguliert es doch ihr früher allzu bescheidenes Selbstwertgefühl. Und angesichts des unerwarteten Dankes muß sie sich nun nicht mehr wie so lange in Scham und Selbstbescheidung zieren und genieren, sondern sie wagt es, sich unbändig zu freuen, wie sie es zu diesem Traum niederschreibt: „Das Wunderbarste, der Dank des Zwergenkönig. Ich kann also wirklich heil werden durch meine liebevolle Beziehung zur Natur, zur Erde, zum kleinen Hilflosen. Das Gespräch mit dem Zwergenkönig in seiner Schlichtheit war ganz ernst, würdig groß. Es hat mich tief beglückt." Sie sagt ja zu der gewandelten Frau, die sie geworden ist, in ihrer neuen Autonomie, die eine neue Bezogenheit, auch auf den Partner, einschließt.

Zwei Jahre später, zu Beginn ihres 60. Jahres, träumt Frau E. wieder von einem Kind:

*„Inzwischen habe ich wieder ein Kind geboren, wieder einen blonden Jungen, ein ganz wundervolles Kind, und als jemand das ‚nicht wichtig' findet, sage ich zu demjenigen: ‚Das ist nicht unbedeutend! Das ist der kleine Buddha!', und das noch nackte Kindlein läuft aufrecht."*

„Das war vielleicht ein Glücksgefühl beim Aufwachen!" schreibt Frau E. zu dem Traumtext, „auch wenn das Tagesbewußtsein dann bald mit dem Zeigefinger drohte und mein Traum-Ich größenwahnsinnig nennt."

In dem kritischen Nachsatz erkennen wir noch etwas von der bisherigen Frau E. mit ihren Selbstzweifeln wieder, in dem Traum selber aber die neue Frau: Träumt sie doch von nichts Geringerem als einem „Göttlichen Kind", das bereits – wie es dem Mythos vom „Göttlichen Kind" entspricht – gleich nach der Geburt aufrecht zu gehen vermag. Sie träumt von der Geburt ihrer „Buddhanatur", von der Geburt ihres innersten Selbst, das sich, kaum geboren, nackt noch, schon aufrichtet und sich selbständig zu bewegen weiß.

## Zusammenfassung der Traumserie

Frau E. erlebt innerhalb der Jahre, in denen sie die vorliegenden Träume hatte, ihre Wandlung so, daß zunächst die „Tierhelfer", die Instinktkräfte, an die sie sich lange nicht herangetraut hat – Wölfe, Schlangen –, in Erscheinung treten, sich ihr annähern, zuerst noch angstmachend, dann aber ihren vertrauensvollen Mut, den sie den Wölfen gegenüber an den Tag legt, mit Zutrauen erwidernd. Im Wolf rührt sich die freie, naturverbundene Frau, die sie als Mädchen war und will zur erwachsenen, ihrer selbstgewissen „Wolfs-Frau" werden, die ihrer selbstgefundenen Fährte sicher ist. Selbst die gefürchtete Schlange – das faszinierend Fremdartige bis hin zur Sexualität verkörpernd – läßt sie, zwar noch gebunden, ganz nahe, körpernahe an sich heran. Es tut ihr selber weh, daß sie sie noch nicht freier zu halten wagt, doch da sind Ängste und Hemmungen, die ein moralisch-religiös rigides Elternhaus tief eingepflanzt hat. Doch mit dem Auftauchen dieser Autonomie stärkenden Tierkräfte kommt ihr im Kontrast dazu ihre bisherige Tendenz zur Überanpassung, ja zur „Unterwerfung", wie sie es im nächsten Traum nennt, so stark zum Bewußtsein, daß sie sich dagegen aufzulehnen beginnt, zugleich gegen alle die Menschen, die ihr solch eine Überanpassung abverlangen: ihre Eltern, ihre Cousine, gelegentlich auch ihr Mann.

Die allgemeinen Themen der Frauen, die in die Wandlung geraten, spiegeln sich in Frau E.s Träumen wider, in der vertieften Selbstsuche einer Frau, die sich ihrer Instinkte und authentischen Intuition vergewissert, sie endlich gelten läßt, und sich damit zu einer Auseinandersetzung mit den prägenden Elternbildern und Komplexen erneut genötigt sieht. Es ist eine Auseinandersetzung, die auch die Beziehung zu ihrem Mann, auf den sie natürlich auch einen Teil ihrer Elternprojektionen geworfen hat, mit betrifft.

Auch wo es keine Kinder gibt, die in diesen Jahren aus dem Haus gehen und die das Elternpaar, neu auf sich gestellt, zurücklassen, muß die Partnerbeziehung in diesen Jahren der Wandlung neu definiert werden. Mit der sich wandelnden Frau wandelt sich auch deren Beziehungphantasie und in deren Konsequenz die Beziehung selbst.

Um etliche Traumsequenzen später gewinnt Frau E. eine wunderbare neue Übereinstimmung mit ihrer „Tiernatur", zu der die Instinkte und vor allem die Körperlichkeit gehören: Sie träumt sich in völliger Harmonie mit ihrem Pferd – einem uralten Bild des Zusammenspiels von Leib und Seele –, das sie traumhaft, wie schwebend, trägt.

Gewiß gehört das Pferd wie ihr geliebter Kater Peruni im Gegensatz zu den Wildtieren Wolf und Schlange zu den zähmbaren, den menschennahen Tieren. Doch daß sie sich mit ihnen in solch einer wachsenden Verbundenheit erlebt, zeigt untrüglich an, daß es Instinktseiten in ihr gibt, die, wenn auch schon lange bewußt, gekannt und gepflegt, ihr nun doch in neuer Qualität zur Verfügung stehen. Kater Peruni beispielsweise, der als Kater wie alle Katzentiere auch für eine neugewonnene Form von Autonomie, von Bezogenheit in Freiheit steht, läßt sich zuletzt, nach zahlreichen Ausbruchsversuchen, von ihr fangen und ist bereit, auf ihrem Schoße schnurrend, mit ihr zu fliegen – sie also in ihre neue Freiheit zu begleiten.

Zur allmählichen Befreiung Frau E.s aus ihrer Überverantwortlichkeit und ihrem Helfersyndrom, das ja auch auf geringem Selbstwertgefühl und dem entsprechendem Bedürfnis, gebraucht zu werden, beruht, gehört der Traum vom „Tod des kleinen Prinzen". Es ist eine Gestalt, die sich ihr vor allem unter dem Motto von dessen Fuchsfreund eingeprägt hat: „Du bist zeitlebens verantwortlich für das, was du dir vertraut gemacht hast."

Frau E., die keineswegs vorhat, aus ihren Verantwortlichkeiten auszusteigen, merkt an diesem Traum nun doch deutlich, wie sie sich unter diesem Zeichen auch zur Überanpassung z.B. an ihre Eltern und zeitweilig auch an ihren Mann hat verführen lassen. So erlebt sie sich nun im folgenden Traum in ihrer Liebe zu einem Mädchen, einem Mädchen, das einen Penis trägt, einer selbständigen, „phallisch"-kreativen Frau also, die Frau E.s eigene schöpferische Seite darstellt, die sie in der Realität im Malen und im Schreiben – sie veröffentlicht zu der Zeit ein Buch – immer mehr entwickelt und die ihr nun doch mindestens ebenso wichtig zu sein scheint wie die schöpferische Tätigkeit ihres Mannes.

In einem relativ späten Traum fährt sie fast gegen ihren Willen, aber doch ohne ihren Mann mitzunehmen, in die „japanische Silberwelt", wo sie von einem weisen Alten und von „Mirchi", ihrer Jugendliebe, eingeführt und weitergeleitet wird.

Zuletzt wagt sie es, in einem der letzten Träume dieser Serie, ein selbstgestaltetes Reliefbild aus Kautschuk mit eigener Hand zu zerstören, nachdem sie sich auf einer Künstlerparty von ihrem hier allzu kontaktseligen Mann abgesetzt hat. Ein selbstgebasteltes Reliefbild, ein Bild ihrer Lebenslandschaft und ihrer selbst zerstört sie, nachdem sie deutlich spürt und sich auch zugibt, daß sie manchmal etwas gänzlich anderes sucht und möchte als ihr Mann.

Die Entwicklung ihres Animus, der männlichen Seite in der Frau, kommt wie bei allen Frauen in der zweiten Lebenshälfte neu in Gang, ermöglicht ihr die Wiederbegegnung mit den schöpferisch-verspielten Männerbildern ihrer jungen Jahre, mit „Deso" und mit „Mirchi" – hier hebt das Schöpferisch-Verspielte in ihr selber wieder an – und mündet doch in die Kürung eines neuen, eines „hellen" Königs ein, eines neuen Regenten ihrer inneren Kräfte und Möglichkeiten. Das Besondere an dem Traum, in dem er erscheint, ist dies, daß der neue König nicht ohne sie sein und herrschen möchte. Schon am Krönungsakt will er sie maßgebend beteiligen. Ein neues „herrschendes Prinzip" wird in dem entsprechenden Traum erkoren. Es soll ein Prinzip sein, das nur mit ihr, dem weiblichen Prinzip, zusammen herrschen will. Frau E. wird hier befreit von der Tyrannis des väterlichen Prinzips und setzt einen neuen partnerschaftlichen König ein, der in vielem sogar hinter ihr zurücktreten will. Möglich wird dies, nachdem sich das weibliche Prinzip in den Träumen verstärkt hat: Das „Mädchen mit dem Penis" als eine phallische Frau gehört dazu, vor allem aber die junge Frau, die aus dem Schatten tritt und sich ins Licht, ja ins Feuer stellt, von dem sie nicht verbrannt wird. Diese Frau hat also etwas von der vor dem Feuer feienden Energie in sich. Vor allem tritt sie ein in dessen hochenergetische Wandlungskraft und wird durch sie nicht zerstört, sondern transformiert.

Eine neue Gestalt der Weiblichkeit, die ihr schon immer zugehörte – wie die mit T. S. gezeichneten Silberbestecke, die sie sich aber jetzt erst aneignet, wobei sie dazu fast den Mut zu einem Diebstahl braucht –, wird ihr in dem Traum über den „Abschied vom Labor und das Silberbesteck" zuteil. Diese neue Weiblichkeit wird alles das enthalten, was die Symbolik des Edelmetalls Silber enthält, mond- und wandlungsbezogene weibliche Weisheit und dazu die Symbolik eines Silberbestecks, seine Kostbarkeit und Schönheit, die sich auf lange Tradition und festliches Zusammensein unter Menschen bezieht.

Auf den Bezug zu weiblicher Weisheit und Kultur, aber

auch zu spirituellen Traditionen weist auch der schon genannte Traum von der „Japanischen Silberwelt" hin: Da tauchen im Silberlicht gotische Kathedralen auf, aber auch die japanische Tempelstadt Kyoto, ein Zentrum der Zentradition, die auch Frau E. etwas bedeutet, seitdem sie sich gegen ihre freikirchliche Herkunft einigermaßen abgegrenzt hat. Ein neuer Zugang zur Spiritualität tut sich ihr auf. Auch dies ist nicht untypisch für die Interessen der „gewandelten Frau", wie wir an manchen Beispielen sahen.

Frau E. begeht seit längerem ihren eigenen Meditationsweg, indem sie täglich meditiert.

In der „Japanischen Silberwelt" taucht zugleich eine erste Gestalt des „alten Weisen" auf, der gütige Herr mit den silbrigen Haaren, der ihr sehr zugetan ist und sie in alles, was zu dieser Silberwelt gehört, liebevoll einführt. Es ist ihr eigener Bezug zur Weisheit, den sie in dieser Gestalt findet, unter deren Geleit sie nun immer tiefer zu den Schätzen der Spiritualität vordringt.

Die zweite, noch bewegendere Gestalt eines alten Weisen in dieser Traumserie ist der Zwergenkönig, vielmehr das Paar, das der Zwergenkönig mit seiner Königin zusammen darstellt, das Zwergenkönigspaar, das Frau E. wie von tief innen die Botschaft überbringt, sie habe teil am Dank und Segen des Zwergenkönigs, weil sie mit so viel Rücksicht auf all die kleinen Wesen, Vorgänge und Dinge gelebt habe, für die sich der Zwergenkönig verantwortlich weiß. Auf diese Botschaft, eine tiefe Bejahung ihres Wesens und ihres Tuns, war Frau E. nicht gefaßt. Ihre Achtsamkeit im Umgang mit Menschen und Dingen war offenbar doch viel mehr als ein Helfersyndrom, so daß sie nun erschüttert und bewegt vor dieser Anerkennung von unerwarteter Seite steht. In den Jahren, in denen sie wie alle Frauen ihre Lebensbilanz zieht und dementsprechend auch mit sich ins Gericht geht, erklingt ihr das Wort des Zwergenkönigs wie eine unumstößliche Bejahung ihres Seins und ihres Wesens aus der Tiefe ihrer Existenz herauf. Frau E. wird von dem Zwergenkönigspaar, das all die „kleinen Wesen und Dinge" vertritt, das Ja geschenkt, um das sie ein Leben lang rang.

Wie ein Siegel darauf sind die letzten Träume von der Geburt von Kindern, die wir ebenfalls schon als Zeichen einer geglückten Wandlung der Frau durch die Wechseljahre hindurch zu lesen lernten. Der eine, der frühere Traum von Frau E., spricht von einem „gesunden Neugeborenen", das sie nach so manchen früheren Träumen, die sie von kranken oder irgendwie behinderten Kindern hatte, hier nun in den Armen halten darf, was sie innig freut. Solch ein Traum besagt nicht weniger, als daß nun eine weitere und zwar gesunde Entwicklungsmöglichkeit ins Leben hinein beginnt, die ihre Liebe und Zuwendung sucht, wie es eben ein neugeborenes Kind auch täte.

Der letzte Traum unserer Serie aber, den Frau E. in ihrem sechzigsten Jahr träumt, spricht von einem „Göttlichen Kind": Denn wenn es sich um die Geburt des kleinen Buddha handelt, wie sie einem Skeptiker überzeugt versichert, dann handelt es sich um nichts Geringeres als um die Geburt ihrer „Buddha-Natur" oder, mit C. G. Jung gesprochen, um die Geburt ihres größeren Selbst, das ihr kleines Alltags-Ich um Dimensionen übersteigt. Damit ist Frau E. bei dem angekommen, was der Wandlungsprozeß der Frau in der zweiten Lebenshälfte letztlich meint.

# Ausklang

## *Wie der Tod genarrt wurde*

Was letztlich ansteht bei der Wandlung der Frau durch die zweite Lebenshälfte hindurch, ist die Begegnung mit dem Tod, das Wahrseinlassen nicht nur unserer Endlichkeit als einer begrenzten Lebenszeit, sondern auch das Heranlassen der emotionalen Erfahrung, daß unser persönliches Sterben eines Tages anstehen, unausweichlich sein wird.

Mit vierzig ist es noch ferner als mit fünfzig, mit sechzig rückt es näher.

Heute morgen sagte mir eine Freundin, die eben ihren sechzigsten Geburtstag gefeiert hat, am Telefon, zwar sei es näher gerückt, das mögliche Sterben – zumal sie einen vielleicht gefährlichen Krankheitskeim in sich trägt –, doch sei es für sie auch nicht mehr ganz so unmöglich, daran zu denken, wie noch vor ein paar Jahren. Warum? Sie habe doch inzwischen auch viel Leben gehabt, viel Erfüllung – Vorträge gehalten, Seminare, das ihr Wichtige weitergegeben, die Kinder in die Welt geschickt –, da ließe es sich leichter loslassen als früher, mit dreißig etwa, als sie noch so unermeßlich viel vorhatte! Was sie jetzt vorhat, was jetzt noch ansteht, ist nicht mehr unermeßlich, es hat ein besseres, vielleicht ein „edles Maß", wie die Griechen es nannten, gefunden.

Wie wir Frauen nach den Wechseljahren unseren Lebensrhythmus, der uns zuvor periodisch vorgegeben war, selbst finden müssen, so auch unser Maß, das Maß an Vorhaben, das uns jetzt noch zuträglich ist, das für uns stimmt, so daß wir es voll ausfüllen können.

Das Wissen um die begrenzter gewordene Lebenszeit setzt auch dem, was wir noch zu verwirklichen wünschen, ein Ziel. Zugleich macht es die verbleibende Zeit kostbar, wir finden ein neues Verhältnis zum Jetzt, kosten es viel mehr aus.

Zu allen Zeiten suchten Menschen dem möglichen Tod noch einige Lebenszeit abzuringen, oft sogar auf unvernünftige Weise, die die Funktion des Todes im Leben noch gar nicht zu begreifen schien.

Da gibt es eine ganze Märchengattung, die durch die Überlieferung vieler Nationen hindurch bekannt ist, die Märchengattung vom „genarrten", vom ausgetricksten Tod.

Zu dieser Gattung gehört das englische Märchen vom Tod im Apfelbaum sowie das französische vom Tod im Pflaumenbaum. Das letztere trägt den Titel: „Wie der Tod genarrt wurde".[88]

Dort wird einer Frau zum Dank für ihre immer hilfsbereite Art, für ihr gutes Herz, von einem weisen Mann ein Wunsch freigegeben. Sie aber denkt an ihren Pflaumenbaum und wünscht sich nichts sehnlicher als die Möglichkeit, einen jeden, der sich in ihn hinaufverstiege, um Pflaumen zu pflücken, dort oben im Baume festhalten zu können, so lange sie wolle. Der Wunsch, so seltsam er erscheint, wird ihr erfüllt.

Da naht ihr zehn Jahre später eines Tages der Tod, um sie abzuholen. Sie erschrickt und bittet ihn nur um eins: noch einmal einige Pflaumen von ihrem geliebten Baum pflücken und essen zu dürfen. Der Tod gewährt es ihr gütig und steigt sogar selbst auf den Baum, um ihr die Pflaumen zu holen. Gern stimmt sie zu. Doch als der Tod den Pflaumenbaum erstiegen hat, gebraucht sie ihre Macht, ihn dort festzubannen. Nun kann der Tod nicht mehr herunterkommen. Er bittet, fleht, wird schließlich sehr ernst und läßt sie wissen, daß er einen wichtigen Dienst am Menschen zu tun habe, es ginge nicht an, ihn hier, einer einzigen wegen, festzuhalten. Sie aber läßt sich nicht davon abbringen, ihn weiter im Pflaumenbaum festzubannen. Da kommen schließlich Boten zu ihr, immer mehr Boten, von schwerkranken, leidenden Menschen geschickt, die den Tod als Erlöser erflehen, auch von uralten, die sich den Tod ersehnen – eine ganze Weile versucht sie noch, sich auch von ihnen nicht beeindrucken zu lassen. Sie redet ihnen und sich selber ein, das sei doch nicht glaubhaft, daß jemand nach dem Tod verlange. Alle wollten doch nur, daß er in Bann geschlagen würde, so wie sie es ja auch tue. Schließlich kann sie sich dem immer lauter werdenden Ruf nach dem Tod nicht länger verschließen, so sagt sie ihm, er dürfe herunterkommen, doch nicht früher, als bis sie ihn dreimal gerufen habe.

Nun ruft sie den Tod, dreimal. Er steigt vom Baum herab, voller Geduld und gibt ihr die Pflaumen, die er für sie gepflückt hat. Erst nachdem sie die Pflaumen in aller Ruhe gegessen hat, geht sie mit ihm.

Ein französisches Märchen ist dies, das ich in einem Seminar in einer größeren Gruppe besprach, um es danach zur spielerischen Darstellung vorzuschlagen, wofür sich die Gruppe von ca. 36 Menschen, Männern und Frauen, in drei Zwölfer-Gruppen unterteilte, die alle drei versuchten, das Märchen als ganzes darzubieten. Nach kurzer Vorbesprechung, kaum mehr als zwanzig Minuten lang, wurde das Märchen mit großer Spontaneität gespielt.

Was auffiel, war der große Ernst, mit dem diese Menschen der Altersgruppe von etwa vierzig bis sechzig das Märchen darstellten, zugleich das tief berührte Lächeln, das immer dann aufkam, wenn etwas dargestellt wurde, das sie aus ihrer eigenen Erfahrung nur allzugut kannten: auch das Feilschen mit dem Tod um jeweils noch ein winziges Stückchen Leben.

So hatte eine 78jährige Freundin bis in die Phase hinein, in der ihre langjährige Krebserkrankung in ein lebensgefährliches Stadium trat, alle Chemotherapie abgelehnt mit der Begründung, sie habe keine Angst vor dem Tod, sie wolle ihn ganz bewußt erleben. Sie war eine spirituell orientierte Frau, so daß ihr Wunsch und ihre Einstellung nicht von ungefähr kamen, sondern in tiefen Erfahrungen begründet waren. Wenige Wochen vor ihrem Tod jedoch, als schon nichts mehr zu retten war, focht sie der Wunsch an, nun vielleicht doch noch „eine kleine Chemotherapie" zu versuchen, wie sie sagte, ein Wunsch, den sie dann letztlich doch wieder fallen ließ. Doch in diesen Wochen unmittelbar vor ihrem Tod hätte sie etwas darum gegeben, den Tod in den Pflaumenbaum verbannen zu können.

Beim Nacherleben und Nachgestalten des Märchens im spontanen Spiel fiel mir und anderen auf, wie stark sich die Begegnung der Frau mit dem Tod veränderte, je nachdem in welchem Alter, in welcher Lebensphase die Spielerin gerade stand, aber auch abhängig davon, zu welcher Altersstufe der Spieler des Todes gehörte.

Bemerkenswert war, daß in allen drei Spielen des Märchens das eine sich gleich blieb: Das tiefe Erschrecken der betreffenden Frau, als sie des Todes ansichtig wurde. Eine jede erkannte ihn sofort. Als er fragte: „Weißt du, wer ich bin?" antwortete eine jede unverzüglich mit „ja". Unsere Seele also weiß um ihn, erkennt ihn, wenn die Stunde schlägt. Auch wenn er in weiblicher Gestalt käme, mit einem farbenfrohen Hut angetan, wie er einer meiner Freundinnen im Traum erschien, wenige Wochen vor ihrem wirklichen Sterben: als „Schwester Tod".

Alle drei Spielerinnen zuckten zurück, als sie den Tod erkannten, alle drei freuten sich ihrer Macht und ihrer List, ihn in den Pflaumenbaum verbannen zu können. Doch wie sie ihn empfingen, wie sie mit ihm umgingen, das war bei jeder der drei Gruppen grundverschieden.

Eine Vierzigjährige, die die Frau spielte, freute sich ganz besonders ihres Tricks, den Tod bannen zu können – sie klatschte in die Hände vor Vergnügen, als sie ihn im Pflaumenbaum festhalten konnte. Sie ist diejenige, die am stärksten mit ihm haderte, sie wollte ihm keinen Meter vom Terrain ihres Lebens abtreten, auch glaubte sie den Boten, die ihn rufen, einfach nicht: war nicht bereit, zu glauben, daß irgend jemand den Tod, den sie gebannt hat, zurückhaben möchte. Sie widerstand ihm sehr lange. Doch war auch der Tod nicht ohne Aggression ihr gegenüber. Unentwegt trat sein Fuß ins Leere, wenn er von dem Baum Tritt für Tritt herabsteigen wollte. Er schalt sie, drohte ihr, und als sie ihn endlich herunterließ, zerrte er sie einfach mit. Zugleich erzählt die Frau, die

die Rolle dieses Todes gespielt hat, hinterher, sie habe sich gerade in ihrer ohnmächtigen Wut, auf den Baum gebannt zu sein, sehr schwach gefühlt, schwach gegenüber dem leidenschaftlichen Willen dieser Frau, den Tod abzuwehren. Der Tod „in ihr" hat bei der Vierzigjährigen noch kaum eine Chance auf Anerkennung.

Eine Mittfünfzigerin dagegen spielt die Frau sehr besonnen; sie erschrickt zwar sehr vor dem Tod, doch vermag sie sich relativ rasch mit der Vorstellung, die die Boten an sie herantragen, daß der Tod auch ein Helfer und Erlöser sein könne, zu identifizieren. In diesem Spiel bekennt sich auch der Tod, der dieser Frau gegenübertritt, dazu, ihren Widerstand innerlich recht gelassen hingenommen zu haben, in dem sicheren Gefühl, er als der Tod habe unendlich viel mehr Zeit als sie. Der Tod in der Fünfzigjährigen also weiß um seine Unentrinnbarkeit, d. h. sie selber weiß, daß sie sich, läßt man ihr nur etwas Zeit, auf ihn einstellen wird.

Die dritte Spielerin der Frau, eine Mittsechzigerin, gestaltete das Wissen der erschreckten Frau, die dem Tod begegnet, sehr ergreifend. Ihr Feilschen mit dem Tod weicht relativ bald einer Erschütterung durch die Botschaften der leidenden Menschen, die den Tod buchstäblich wieder herbeirufen. Die übrigen Spieler jener dritten Gruppe formierten sich spontan zu einem erschütternden Klagechor, in dem alle Leiden der Menschheit, Krankheit, Schmerz und Altersschwäche beschworen wurden. Diese Spielerin der Frau gibt dem Tod bald wieder die Freiheit, sie selbst zusammen mit den anderen abzuholen. Als sie ihn dann dreimal laut ruft: „Komm Tod!" geht eine merkliche Erschütterung durch alle Mitspieler und Zuschauenden. Zuletzt reicht ihr der Tod die Pflaumen, die er ihr gepflückt hat, mit einer fast mütterlichen Geste – und sie empfängt die Pflaumen in der hohlen Hand wie ein Sakrament. Angesichts des Todes erscheint dieser Frau das Leben, die Liebe – von der die Pflaumenfrucht in ihrer symbolischen Sprache spricht –, schließlich kostbar wie ein heiliges Mahl, vom Tod, dem Gottesboten selbst gereicht. Wir machten uns mehrmals klar, inwiefern das Wissen um den Tod die Intensität des Lebens erwecken kann. Diese Erfahrung des wohl ältesten Mitglieds dieser Gruppe, daß der Tod ein Sakrament sei, spricht von der Neugewinnung des Lebens gegenüber dem Tod, spricht von der Fähigkeit des Menschen, angesichts des Todes noch intensiver, aber auch sinnerfüllter zu leben. In dieser Begegnung der Alten mit dem Tode schimmerte etwas Transzendentes auf.

Es ist unvermeidlich, dem Tod zu begegnen – es ist aber auch notwendig und wird von bewußten Menschen, Frauen jenseits der Vierzigerschwelle, nicht mehr nur gemieden, sondern auch gesucht –, um der Einseitigkeit eines unbewußten Lebens nicht länger ausgeliefert zu sein.

Diese Erfahrung ist uralt.

Im alten Sumer gab es den Mythos von Innana[89], der strahlenden Königin unter den Göttern, die alles hat an Macht, an Liebe, an Lebensfülle, das man sich nur wünschen mag. Auf der Mittagshöhe des Lebens, auf einmal, wird sie von einer Sehnsucht nach ganz anderem befallen: nach der Unterwelt, nach ihrer Schwester Ereschkigal, die in der Unterwelt regiert, über Tod und Schmerz, über Abschied und Abstieg, über alles Leid des Lebens. Innana sehnt sich nach ihrer dunklen Schwester, weil sie spürt, daß sie ohne diese, solange diese in die Unterwelt verbannt ist, auch selber nur halb ist und halb bleibt; daß sie selber die Ganzheit der Wirklichkeit nicht kennt, solange ihr die dunkle Seite abgeht, fehlt. Sie kann nicht reif werden im vollen Sinn des Lebens, ohne Schmerzen, Abstieg und Tod an sich herangelassen, ja ohne sie selbst durchlitten zu haben. Innana also beschließt: Ich will meine Schwester besuchen, hinabsteigen zu ihr in ihr dunkles Reich. So stellt sie sich zu Beginn des Mythos vor:

„Ich bin Innana
Abendstern
auf der Reise zum Morgen."

So wie der Abendstern die Nacht durchwandert, will also auch Innana die Nacht durchschreiten: Ein früher Hintergrund des Mythos, ein Sternenmythos um die Venus, der ersten am Abend, die auftaucht, der letzten am Morgen, die erlischt, eine Erhellerin der Nacht als der Dunkelseite des Lebens, schimmert hier durch den späteren Text. Indem Innana die Nacht durchschreitet, wird sie zur göttlichen Führerin und Geleiterin all der Menschen, die nach ihr und im rituellen Vollzug dieses Mythos mit ihr die Nacht des Lebens durchschreiten, also aller, spätestens von der Wende zur zweiten Lebenshälfte an.

„Du
Innana
Abendstern
auf der Reise zum Morgen
was suchst du im Land,
das keinen Rückweg kennt
was führt dein Herz dorthin
woher keine Reisende wiederkommt?"

So wird sie in dem Ritus, den dieser Mythos bildet, gleichsam von ihrer Priesterin gefragt. Niemand kann begreifen, warum sie hinabsteigen möchte, es kommt so unerklärlich und so zwingend über sie wie die „seelische Mittagsrevolution", von der Jung zu sprechen weiß.

Was ihr fehlt, ist ihre Schwester, die, von ihr abgespalten, in der Dunkelheit lebt.

„Die reine Ereschkigal
meine ältere Schwester
ihretwegen bin ich hier."

Mehr noch, deren Trauer will sie teilen:

„Ihr Mann
Gugelanna
ist tot ...
Ich komme zu seinem Begräbnis
an seiner Totenwache will ich teilnehmen."

Etwas vom Bittersten, was die dunkle Seite des Lebens uns bereiten kann, die Trauer um den verstorbenen Gatten, will Innana, die bisher so Strahlende, mit ihrer verwitweten und verdüsterten Schwester teilen. Auch unter menschlichen Schwestern kann es so sein, daß die geteilte Trauer um den verstorbenen Mann der einen von ihnen sie einander wieder sehr nahe bringt, auch wenn sie zuvor einander lange entfremdet gewesen wären. So macht sich auch Innana auf: Erst mit der wiedergefundenen Schwester zusammen hofft sie, ganz zu werden, das Leben in seinen dunklen und seinen hellen Seiten zu umgreifen. Sie weiß es wohl, daß der Weg gefährlich sein wird, gilt er doch bei Göttern und Menschen als ein Weg ohne Wiederkehr. Und deshalb versichert sie sich bei Ninshubur, ihrer getreuen Wesirin, sie möge nach ihr schauen, wenn sie nach drei Tagen nicht zurückgekehrt sei. Ist selbst für die Göttin des Lebens der Weg ins Totenreich gefährlich? Sie sieht sich vor: Alle Insignien ihrer Kraft und Macht legt sie an, um der Totengöttin begegnen zu können, wohl auch, um vor ihr gefeit zu sein. Es sind die „sieben heiligen Kräfte", die sie anlegt: ein Tuch, ein kostbares Tuch um den Kopf, die Krone der wilden Steppe, ihr königliches Zeichen; eine Meßleine und ein Meßrohr, mit dem sie Maß nehmen und beurteilen kann; Perlen aus Lapislazuli, ovale Doppelsteine, Schmuck so gut wie Amulette, legt sie um Hals und Brust; auch den Arm, das handelnde Glied, schützt sie mit einem Armreif. Selbst den erotischen Zauber, die „Mann-Komm-Brustplatte" und die „Er-soll-kommen-Farbe" um die Augen läßt sie nicht zurück. Sie hüllt sich schließlich in ihr königliches Gewand und macht sich auf, Ereschkigal, der dunklen Schwester, zu begegnen. So gerüstet und dennoch bereit, alles, was kommt, auf sich zu nehmen, wartet Innana vor dem Eingangstor der Unterwelt, wo man sie, die hochberühmte Göttin des Landes und des Lebens, nicht einmal zu erkennen scheint.

Schließlich läßt Neti, der Türhüter, sie ein in das erste der sieben Tore:

„Innana tritt ein.
Jemand entfernt
die Krone aus reinem Tuch.
Was soll das?

Die Liturgie berichtet weiter, was geschieht, im Wechselgesang zwischen Innana und dem Türhüter:

„Still, Innana
heilige Bräuche
müssen vollzogen werden
widersprich ihnen nicht."

So hat sie zu warten und anzustehen von Tor zu Tor, wird schließlich eingelassen und Stück für Stück entblößt von allen Insignien ihres Königtums, ihrer Macht, ihrer Ausstrahlung, ihres weiblichen Zaubers. So wie auch jeder Mensch auf dem Weg zur Unterwelt all seiner Macht und Kraft, selbst seiner Würde entkleidet wird und still zu bleiben hat angesichts der unerbittlichen, der heiligen Gebräuche. So erträgt es, uns voran, die Göttin. Sie geht in die Wandlung, wie jede Frau. Sie opfert alles, zuletzt ihr Gewand, doch kehrt sie nicht um, sondern schreitet weiter, ihrer dunklen Schwester, die ihr zuletzt zur Schwester Tod wird, unbeirrt entgegen.

Nackt tritt sie ein, doch ihre Schwester, selbst verdunkelt unter all dem Dunkel, das sie vertritt, das ihr zugestoßen ist und das ihr zugehört, bereitet ihr den furchtbarsten Empfang. Unter den Todesaugen der Annunaki, der Richter der Unterwelt, erleidet Innana selbst den Tod.

Nun wäre sie verloren und mit der Lebensgöttin das Leben selbst. Doch Ninshubur, die in Innanas Reich zurückgebliebene Freundin und Wesirin, hält zu ihr in Treue, in heller Aufregung und in Trauer; sie alarmiert die Götter, die jedoch angesichts von Innanas Unterweltsgang ganz unerschüttert bleiben, der Überzeugung, sie habe gefrevelt, da sie wie alle wußte, der Weg zu Ereschkigal sei ein Weg ohne Wiederkehr. Nur Enki schließlich, der Herr der Weisheit, der „das Wasser kennt, das Leben spendet", ein Gott der Wandlung selbst, hat Einsehen und Erbarmen.

Zwei äußerst unscheinbare Geister formt er, Galaturra und Kurgarra, gebildet aus dem Schwarzen unter seinem Fingernagel, und schickt sie, ausgerüstet mit dem Lebenswasser, hinab zu Ereschkigal, die sich wie in Krämpfen windet, nachdem sie ihre Schwester getötet hat. Nicht zornig, sondern mit der tiefsten Anteilnahme für deren Schmerzen, für deren bitteres Leben im Schatten, nähern sie sich Ereschkigal, ehrerbietig, bis diese – tief berührt vom völlig ungewohnten Mitgefühl der beiden – ihnen den einzigen Wunsch freigibt, den diese haben: die tote Königin Innana zu erhalten, um sie mit Lebenswasser zu besprengen.

Innana kehrt, vom Wasser heil gemacht, zurück ins Leben, entsteigt der Unterwelt, kehrt als Verwandelte ins Lebensreich zurück.

Ein machtvoll erschütternder Mythos ist dies, der Mythos des Lebensübergangs, ein Mythos für die Wandlung der Frau unter dem Anstoß der seelischen Mittagsrevolution. Plötzlich vernimmt die Frau den inneren Ruf, wie Innana die Dunkelseite des Lebens nicht länger zu fliehen, sondern sie aufzusuchen, bewußt und um jeden Preis, wohl ausgerüstet zwar mit allen Kräften, die bisher ihr Leben getragen und geschützt haben, Begabung, Ausstrahlung, Rang und Name, dazu die Freundschaft und die Liebe – und doch bereit, dies alles aufzugeben, um die Ganzheit des Lebens, die sich aus Licht und Dunkel, Leben und Tod zusammensetzt, schlußendlich zu erfahren. Es gibt keine Reife ohne diese Erfahrung, keine Weisheit, keine Möglichkeit, mit dem Tod zu leben. So muß der Weg der Entsagung gegangen werden, des Verzichts auf alles Personahafte, der Entblößung bis auf den nackten Kern der Person: und dann erfolgt der Tod.

Für viele heißt es bereits zu sterben, gestorben zu sein, wenn die Entmachtung, die Entblößung einsetzt. Sie geschieht auf vielen Ebenen. Die Gesundheit kann uns genommen werden, die jugendliche Schönheit, die geistige Wendigkeit, der Einfluß, die Anerkennung – und schließlich die Beziehung zu den geliebtesten Menschen durch Trennung, durch Tod.

So gibt es das Sterben bereits im Leben, wie es die Auferstehung bereits im Leben gibt:

„Manchmal stehen wir auf
stehen wir zur Auferstehung auf
mitten am Tage
mit unserem lebendigen Haar
mit unserer atmenden Haut ..." (Kaschnitz)

Und wodurch wird die Auferstehung im Innana-Mythos bewirkt? Es sind die unscheinbarsten Geister, die unscheinbarsten Regungen also – entsprungen dem scheinbar überflüssigsten Material der Welt, dem Schwarzen unter dem Fingernagel des Wandlungsgottes, vor allem aber dem tiefen Mitgefühl der Freundin, die Enki bewegte, Innana zu retten. Beidem entsprungen sind diese unscheinbaren Wesen, die mit der dunklen Göttin mitzuleiden und zu trauern verstehen, die ihr ein Mitgefühl entgegenbringen, das sie selber erreicht, so daß auch sie sich erbarmen kann.

Das ist die Lösung hier: Das Dunkle, die Todesgöttin selber anzuerkennen – durch aufrichtiges Mitleiden mit ihr –, das hieße, sie anzunehmen und aufzunehmen in die eigene seelische Ökonomie, sie nicht mehr abgespalten in der Unterwelt zu belassen, sondern sie zu integrieren in das Lebensgefühl der gewandelten Frau, die den Tod nicht mehr länger im Pflaumenbaum gebannt hält, sondern ihn herabzubitten wagt, wenn es so weit ist. Innana, die Lebensgöttin, die von der Mittagshöhe herabsteigt zu ihrer dunklen Schwester, ist Modell und Vorbild jeder Frau, die in die Zeit der Wandlung eintritt.

# Nachspiel

## *Ziehende Landschaft*

Man muß weggehen können
und doch sein wie ein Baum:
als bliebe die Wurzel im Boden,
als zöge die Landschaft und wir ständen fest.
Man muß den Atem anhalten,
bis der Wind nachläßt
und die fremde Luft um uns zu kreisen beginnt,
bis das Spiel von Licht und Schatten,
von Grün und Blau
die alten Muster zeigt
und wir zu Hause sind,
wo es auch sei
und niedersitzen können und uns anlehnen,
als sei es an das Grab
unserer Mutter.
(Hilde Domin)

Vom Weggehenkönnen ist die Rede in diesem Gedicht einer Deutschen, einer Jüdin, einer Frau, die lange Jahre des Exils durchlebte: Hilde Domin. Vom Weggehenkönnen aber handelt dieses Gedicht zugleich im Sinne einer Exilssituation des Menschen überhaupt: Es spricht vom „abschiedlichen Leben". Wie spricht Hilde Domin davon? Sie spricht von uns allen und von etwas, was allen auferlegt ist: „Man muß ...". Und sie spricht nicht nur von dem, was man muß – nämlich weggehen können aus einer bisherigen Lebenssituation, weggehen können z. B. aus der ersten Lebenshälfte –, sie sagt zugleich, wie man es können muß, und dabei beginnen die Bilder zu strömen.

„Man muß weggehen können
und doch sein wie ein Baum."

Ein Paradox: Denn das ist das eine, was der Baum, der doch sonst in vielem ein Gleichnis für den Menschen ist, nicht kann: weggehen. Er kann es nicht, und der Mensch muß es. Eine Vereinigung der Gegensätze, ein Baum, der weggehen kann, das müßte der Mensch sein, die Frau, der dieses „Unmögliche" auferlegt ist, einen radikalen Lebensübergang zu vollziehen, wie in ein Exil hinein, wie vertrieben aus der Heimat des bisherigen Frauseins. Es müßte so sein, im Konjunktiv gesprochen, und im Vergleich,

„als bliebe die Wurzel im Boden
als zöge die Landschaft und wir stünden fest."

Dies zu bestehen hieße, seine Wurzel zu behalten, sich selber treu zu bleiben und das Geschehen vorbeiziehen zu lassen wie die ziehende Landschaft, die man aus Zügen, aus Autos vorbeiwandern sieht. Doch spricht Hilde Domin das alles nicht im Indikativ aus, sondern sie erwägt es im Konjuktiv. Und sie fährt fort mit einem neuen Bild für das, was „man muß", um diese Entwurzelung zu bestehen, ohne die Wurzel zu verlieren:

„Man muß den Atem anhalten
bis der Wind nachläßt."

Man muß den Atem anhalten, bis der Wind – der Fahrtwind, der Sturmwind der Veränderung – nachläßt, der einem, so darf man annehmen, sonst den Atem verschlagen würde. Es ginge darum innezuhalten, um diesen Lebensübergang bewußt wahrnehmen und bestehen zu können. Man muß den Atem anhalten, bis der – nun beruhigte – Luftzug als eine fremde, verfremdete Luft um uns zu kreisen beginnt ... Indem sie uns aber umkreist, wird sie uns auch allmählich vertraut. Wann kreist die Luft? An warmen Sommertagen mag es so sein, daß die Luft wie stillsteht, bis dann ein zarter Hauch in sie fährt, und sie sich sanft bewegt um uns herum,

„bis das Spiel von Licht und Schatten
von Grün und Blau
die alten Muster zeigt ..."

Auch in dem neuen Land ordnen sich Licht und Schatten, gesellen sich die Farben, Grün und Blau, die Farben der irdischen Vegetation und des Himmels darüber, wieder einander zu: Ich erkenne auch im neuen Land die alten Muster wieder, erkenne die Polaritäten von Licht und Schatten, die Nachbarschaften von Grün und Blau. So stellt sich ein leises Gefühl des Zuhausseins ein, des Zuhauseseins, „wo es auch sei", das Gefühl, eine Heimat zu haben, die mitwandert, eine Heimat zum Mitnehmen. Dann wäre es möglich, sich niederzusetzen und sich anzulehnen – ein Bild endlich wiedergefundener Ruhe könnte es sein. Doch nun stutzt man wieder vor dem Paradox, vor dem Ort, an den sie sich anlehnen will, es ist das Grab der Mutter. Auch diese Aussage enthält großen Schmerz: Die Mutter ist tot. Doch daß sie ein Grab hat, heißt mit Gewißheit: Ich hatte eine Mutter, ich kann mich anlehnen an das Verlorene und dennoch Unverlierbare, das eine Mutter ist. Für eine Exilantin hieße, sich an das Grab der Mutter lehnen zu können, zugleich heimzukommen, heimzukommen im Verlorenen und im Unverlierbaren. Es ist dies das Geheimnis der zweiten Lebenshälfte, des abschiedlichen Lebens, das in diesem Gedicht aufschimmert: daß wir alles Verlorene, das recht betrauert wurde, zurückgewinnen, unverlierbar.

# Anmerkungen

1 Jung, C. G. (1931), Die Lebenswende, in: Seelenprobleme der Gegenwart, Zürich 1931[5], S. 220–243
2 Binkert, Dörthe (1990), Ein Gesicht, das zu mir paßt. Frauen in der Lebensmitte ziehen Bilanz, Stuttgart 1996, S. 39.
3 Meili-Lüthi, E. (1982), Persönlichkeitsentwicklung als lebenslanger Prozeß, Bern, S. 111 ff.
4 Jung (1931), S. 220–243
5 Ebd., S. 232
6 Ebd., S. 233
7 Ebd., S. 233
8 Ebd., S. 234
9 Ebd., S. 234
10 Ebd., S. 234
11 Ebd., S. 235
12 Ebd., S. 236
13 Zur Auseinandersetzung mit Jungs Sicht vgl. die neueren Forschungen: Kast Verena (1984). Paare, Stuttgart, S. 158 – S. 176
Christoffel, Judith (1989), Neue Strömungen in der Psychologie von Freud und Jung. Impulse von Frauen, Olten und Freiburg
Heisig, Daniela (1996), Die Anima. Der Archetyp des Lebendigen, Zürich und Düsseldorf
Riedel, Ingrid (1998), Neue Konzepte des Weiblichen in der Psychologie C. G. Jungs. Impulse der Frauen, in: Wege zum Menschen, Jahrgang 1998
14 Jung (1931), S. 236
15 Ebd., S. 237
16 Ebd., S. 231
17 Ebd., S. 237
18 Ebd., S. 238
19 Ebd., S. 238
20 Ebd., S. 238
21 Ebd., S. 238
22 Ebd., S. 239
23 Ebd., S. 239
24 Ebd., S. 239
25 Ebd., S. 242
26 Ebd., S. 242

27 Ebd., S. 243
28 Binkert (1990)
29 Ebd., S. 9
30 Ebd.
31 Ebd., S. 10
32 Ebd., S. 10
33 v. Wysocki, Gisela (1980), Die Fröste der Freiheit. Aufbruchsphantasien, Frankfurt
34 Binkert (1990), S. 13
35 Ebd., S. 14
36 Ebd., S. 14
37 Ebd., S. 14
38 Ebd., S. 15
39 Wieland-Burston, Joanne (1989), Chaotische Gefühle. Wenn die Seele Ordnung sucht, Zürich
40 Binkert (1990), S. 20
41 Ebd., S. 22
42 Ebd., S. 24
43 Ebd., S. 158
44 Ebd., S. 128
45 Sommer, Ulrike (1995), Wendezeit Wechseljahre, Olten
46 Mankowitz, Ann (1987), Auf neue Weise fruchtbar. Der seelische Prozeß der Wechseljahre, Zürich
47 van Gennep, Arnold, Übergangsriten (1981. 1986 deutsche Ausgabe), Frankfurt
48 Sies, C. und Nestler, V. (1992), Soll und Haben. Die Wechseljahre zwischen Illusion und Wirklichkeit, in: Psyche 4, 46, S. 366–387
49 Sommer (1995)
50 Bei Kast, Verena (1994), Luftträume, in: Riedel, Ingrid (Hrsg.), Die vier Elemente im Traum, Solothurn, S. 42
und Riedel, Ingrid (1997), Träume, Wegweiser in neue Lebensphasen, Stuttgart, S. 104 ff.
51 Kast, Verena (1995), Wechseljahre – Wandeljahre, in: Kast, Verena (1996), Sich wandeln und sich neu entdecken, Freiburg, S. 119
52 Olbricht, Ingrid (1992), Endstation oder Neuanfang? Gedanken zum Klimakterium, in: Gezeiten des Lebens, 7. Arbeitstagung der WAP 1992, Bonn
53 Kast (1995), S. 126
54 Kast, Verena (1992), Die beste Freundin. Was Frauen aneinander haben. Stuttgart
55 Hancock, Emily, in: Flaake, K. und King, V. (Hrsg.) (1992), Weibliche Adoleszenz. Zur Sozialisation junger Frauen, Frankfurt
56 Kast (1995), S. 128; auch in Kast, V. (1991), Loslassen und sich selber finden, Freiburg: Herder (Herder-Spektrum Bd. 4007)
57 Kast, Verena (1984), Paare. Beziehungsphantasien oder wie Götter sich in Menschen spiegeln, Stuttgart, S. 157–175
58 Ruether, Rosemary Radfort (1986. 1988 deutsche Ausgabe), Unsere

Wunden heilen. Unsere Befreiung feiern. Rituale in der Frauenkirche. Stuttgart, S. 124 ff.
59 Kast, Verena (1994), Frauenfreundschaft – Erleben neuer Beziehungswerte, in: Kast (1996), Sich wandeln und sich neu entdecken, S. 164–185; besonders S. 179 ff.
60 Leistner, Herta (Hrsg.) (1997), Laß spüren deine Kraft. Feministische Liturgie, Gütersloh
61 Jaeggi, Eva (1996), Viel zu jung, um alt zu sein. Das neue Lebensgefühl ab sechzig, Reinbek
62 Ebd., S. 64
63 Ebd., S. 46
64 Ebd., S. 46
65 Ebd., S. 53
66 Ebd., S. 98
67 Ebd., S. 102
68 Ebd., S. 108
69 Ebd., S. 107 f
70 Gimbutas, Marja (1995), Die Sprache der Göttin, Frankfurt
71 Goodman, Felicitas (1989). Wo Geister auf den Winden reiten. Freiburg
72 Riedel, Ingrid (1995. 1986 Erstauflage unter dem Titel: Demeters Suche), Die verlassene Mutter. Mütter und Töchter im Demeter-Mythos. Stuttgart, S. 15 ff.
73 Jaeggi (1996), S. 186
74 Kast, Verena (1982), Trauern. Phasen und Chancen des psychischen Prozesses. Stuttgart, S. 67 ff.
75 Ebd., S. 71 ff
76 Ebd., S. 61 f.
77 Dittmann-Kohli, Freya (1989), Erfolgreiches Altern aus subjektiver Sicht, in: Baltes, M. M./Kohli, M./und Sames, K. (Hrsg.), Erfolgreiches Altern. Bedingungen und Variationen, Bern.
78 Jaeggi (1996), S. 156
79 Ebd., S. 157
80 Ebd., S. 157
81 Ebd. Kontakte mit Studenten
82 Ebd., S. 115
83 Riedel, Ingrid (1989), Die weise Frau in uralt-neuen Erfahrungen, Solothurn und Düsseldorf
als Taschenbuchausgabe unter dem Titel: Die weise Frau in Mythen und Märchen]
Riedel, Ingrid (1994), Hildegard von Bingen, Prophetin der kosmischen Weisheit, Stuttgart
84 Jaeggi (1996), S. 153
85 Ebd., S. 194
86 auf dem Leipziger Kirchentag 1997
87 Ruether (1988), S. 226–229
88 „Wie der Tod genarrt wurde" aus: Ré Soupault (Hrsg.) 1965: Französische Märchen, Düsseldorf und Köln, S. 71–73

89 Kramer Samuel N. und Wolkstein Diana (1992), Inanna, Queen of Heaven and Earth. Her Stories and Hymns.
Betty de Shong-Meador (1992), Uncursing the Dark, Wilmetts Illinois: Chiron-Verlag, ins Deutsche übersetzt von Pic Hells
vgl. auch: Perera, Sylvia B. (1983. 1985 deutsche Ausgabe), Der Weg zur Göttin der Tiefe, Interlaken